儿童基本运动技能发展指导

主　编　朱丽敏　张龙凤
副主编　王　娜　杨二伟　邱波波

天津大学出版社
TIANJIN UNIVERSITY PRESS

图书在版编目(CIP)数据

儿童基本运动技能发展指导 / 朱丽敏, 张龙凤主编 ; 王娜, 杨二伟, 邱波波副主编. -- 天津 : 天津大学出版社, 2023.7

职业教育儿童青少年体育教练员系列教材 / 杨阳, 朱丽敏主编

ISBN 978-7-5618-7548-3

Ⅰ. ①儿… Ⅱ. ①朱… ②张… ③王… ④杨… ⑤邱… Ⅲ. ①儿童－运动能力－教材 Ⅳ. ①G808.17

中国国家版本馆CIP数据核字(2023)第127730号

ERTONG JIBEN YUNDONG JINENG FAZHAN ZHIDAO

出版发行	天津大学出版社
地　　址	天津市卫津路92号天津大学内（邮编:300072）
电　　话	发行部：022-27403647
网　　址	www.tjupress.com.cn
印　　刷	廊坊市瑞德印刷有限公司
经　　销	全国各地新华书店
开　　本	787mm×1092mm　1/16
印　　张	12.75
字　　数	350千
版　　次	2023年7月第1版
印　　次	2023年7月第1次
定　　价	56.00元

本书编委会

主　　编　朱丽敏　张龙凤

副 主 编　王　娜　杨二伟　邱波波

编　　委　（按姓氏笔画排序）

于　成　王姣姣　王宇红　王　鹏

王红艳　王奥蕾　卢　玮　李　昂

肖品圆　张海英　张淑贤　武家宝

倪铭泽　夏晓英　谢　丽　臧　韦

焦冬芳

特别鸣谢　魏宏文　郝晓岑　赵焕彬　任满迎

前　言

儿童青少年的体质健康关乎中华民族的发展大计与祖国的未来，“少年强则国强，体育强则国强”。习近平总书记非常关心儿童青少年的身心发展，曾多次提出“体育锻炼要从小抓起，体育锻炼多一些，‘小胖墩’、‘小眼镜’就少一些”。为落实健康中国战略，促进儿童青少年身心全面发展，并为其终身发展奠定良好的基础，教育部、国家体育总局发布了一系列促进儿童青少年全面发展的相关政策。2022 年 5 月，教育部颁发《义务教育体育与健康课程标准（2022 年版）》（简称“新课标”），其中重点提到要关注儿童基本运动技能，并将其作为“水平一”的重要学习考核内容。

基本运动技能的发展伴随人的一生，而且能为儿童成年后学习体育专项技术打好基础。运动技能的发展要遵循儿童身心的发展规律，进而开展相应的体育训练，再建立正确的动作模式和基本动作技能。这样不仅可以减少运动损伤，还能提高综合身体素质和能力水平，对儿童青少年体育综合能力的发展具有重要作用。本书在撰写之前，进行了充分调研。目前国内关于儿童基本运动技能的教材几乎是空白。为此，本书结合多年的体育教学经验，在参考国内外大量研究文献的基础上，系统梳理儿童基本运动技能发展的脉络。首先阐述与儿童青少年体育相关的发展政策；其次以儿童出生后的基本反射动作为切入点，融合各个不同阶段的身心发展特征，遵循动作技能发展规律，从出生后的婴幼儿自发和先天反射动作技能到儿童基本动作模式，再到儿童基本动作技能；最后发展儿童基本运动技能，逐步递进，层层剖析。本书作为体育职业教育系列教材，还遵循职业教育教学规律，采取项目任务式的结构框架，划分为 4 大项目、11 个任务、21 个子任务。每个项目以思政内容为引领，明确教学任务以及对应的知识目标、能力目标、素养目标等，将课程思政建设融入教材内容。这不仅有利于学习者掌握其中的重难点，也符合市场从业人员的岗位技能、职业素养需求。

本书的服务对象主要是社会上儿童青少年体育培训机构的从业者、小学体育教师以及从事幼儿体育教育的工作人员等，不仅能让读者明白儿童青少年生长发育特点、心理发展特征、动作技能发展规律等，还能让读者通过学习制定相应的动作技能训练方法，并能运用到实际教学中，掌握从事儿童体育教学的必备专业技能。本书集知识性和实践性于一体，注重理论与实践的结合。本书对应课程《儿童基本运动技能培养》已被北京市教委评为市级在线精品课程，能够为学习者提供丰富的线上教学资源。本书在编写过程中，得到我院校企合作企业——启今集团的大力支持，同时得到北京体育大学魏宏文教授、首都体育学院郝晓岑教授、河北师范大学赵焕彬教授、北京市体育科学研究所任满迎研究员的鼎力相助，在此一并表示感谢！由于编者团队水平有限，难免存在不足之处，恳请各位同仁批评指正。

编者

2024 年 4 月

目　　录

项目一　儿童青少年体育发展概述

思政园地

健康是人类发展和社会进步的重要基石，也是全国人民的共同追求。我国高度重视健康事业，将全民健康纳入国家战略。《“健康中国2030”规划纲要》明确将健康置于优先发展的战略地位，并提出“加快形成有利于健康的生活方式、生态环境……实施青少年体育活动促进计划，培养青少年体育爱好，基本实现青少年熟练掌握1项以上体育运动技能”。这一指导思想的提出，进一步凸显了体育在促进健康过程中的重要作用。

儿童青少年是祖国的未来和民族的希望。为了培养德智体美劳全面发展的社会主义建设者和接班人，体育凭借其跨界性、融合性和复合性的多重功能，不仅成为促进青少年健康成长和教育的重要手段，而且在培养他们的爱国主义精神、团队精神以及塑造正确的人生观、世界观和价值观方面发挥着重要作用。习近平总书记多次强调要加强青少年体育工作，指出“少年强则中国强，体育强则中国强”，推动我国体育事业不断发展是中华民族伟大复兴事业的重要组成部分。我国有3亿多儿童青少年，保障他们的健康成长关系着祖国和民族的未来，也是每个家庭的愿望和期盼。

儿童青少年是个体身心发展的关键时期，在这个时期培养的体育习惯有助于他们形成长期的、规律的、积极向上的生活方式。因此，引导儿童青少年树立“健康第一”的理念，为他们营造家庭、学校和社会全域式的体育浸润环境，是新时代我国儿童青少年体育工作的使命和责任。中共中央办公厅、国务院办公厅于2021年7月24日发布的《关于进一步减轻义务教育阶段学生作业负担和校外培训负担的意见》（简称“双减”政策），从政策层面上对新时期青少年教育与成长面临的困境进行了联合治理，是全面深化体教融合的具体体现。随着“双减”政策的实施，儿童青少年体育发展迎来了新的机遇。家庭、学校和社会也为提升儿童青少年的身体素质创造了有利条件，帮助他们树立全面健康的观念，让他们像小树一样健康成长，成为建设祖国的栋梁之材。

项目导入

近年来，我国儿童青少年的体质健康水平在稳步提升，然而，近视低龄化、超重、肥胖以及姿态不良等问题依然不容忽视。“少年强则国强”，儿童青少年的体质健康与国民整体健康水平息息相关。为了进一步提升这一群体的体质健康水平，我国政府对儿童青少年的体质健康问题越来越重视，并陆续出台了一系列相关政策和文件，大力支持儿童青少年体育工作者和服务者，共同为提升儿童青少年的体质健康而努力。

作为一名儿童青少年体育工作者，要全面掌握儿童青少年体育发展相关的政策要求，了解儿童青少年的体质健康水平和运动能力现状；要能够根据儿童青少年的运动技能发展需求进行分析，提出较为全面的儿童青少年运动技能发展模型和体育教学指导建议，旨在有效提高儿童青少年的运动技能水平，进而为他们的体质健康和运动能力的发展奠定坚实基础。

任务　儿童青少年体育发展政策相关知识认知

作为一名儿童青少年体育锻炼的指导者和干预者，需要对儿童青少年体育发展和运动技能发展有初步的了解和认识，掌握我国对儿童青少年体育发展的政策文件要求，跟随正确的发展方向，落实好相关工作。了解我国儿童青少年的体质健康和能力发展现状，根据其目前的发展水平和能力情况，科学制定提升方案和改善策略，实现精准干预和科学锻炼。同时要熟悉儿童青少年运动技能发展模型，根据年龄特点和发展需求，对儿童青少年的运动技能发展阶段、发展过程以及发展规律做出合理且阶段性的计划。

学习任务

（1）能理解儿童青少年相关政策文件的要求，明确儿童青少年体育发展的方向，并将相关要求落实到具体的工作中。

（2）能根据儿童青少年的体质健康的发展现状，在理解动作技能发展模型的基础上，科学合理地制定儿童青少年体育锻炼的目标和计划。

学习目标

知识目标

（1）了解儿童青少年体育的相关政策文件以及发展方向。

（2）了解儿童青少年体质健康水平发展现状。

（3）掌握并理解儿童青少年运动技能发展模型。

能力目标

（1）能紧跟儿童青少年体育政策引领方向，在相应岗位上落实相关文件要求。

（2）能够根据体质健康水平和能力发展现状，准确分析发展需求和明确提升方向。

（3）能分析儿童青少年不同阶段的运动技能发展重点，并针对性地制定锻炼目标和计划。

素养目标

（1）培养学生为国育才、为党育人的责任感和使命担当。

（2）培养学生严谨认真的学习态度和科学求实的钻研精神。

（3）培养学生热爱儿童、规范从教的职业操守。

子任务一　儿童青少年体育发展政策解读

作为儿童青少年体育工作的指导者与干预者，体育教学应紧随国家政策，深入理解其对儿童青少年体育发展的要求，并据此展开相应的体育教学工作。本子任务将概述儿童体育发展的前期阶段、中期阶段和现阶段的相关政策，以及青少年体育发展的相关政策。通过解读各时期的体育政策，为体育工作者提供指导，以更好地推动儿童青少年的体育工作，助力其健康成长

一、儿童体育发展相关政策解读

儿童体育的发展与当时的社会环境、政策要求和教育生态环境息息相关。儿童体育的发展主要集中在幼儿园和小学阶段。迄今为止，我国的儿童体育发展已经历了三个重要阶段，即儿童体育发展的前期阶段、中期阶段和现阶段。

（一）儿童体育发展前期阶段

这一阶段发生在 20 世纪 50—60 年代。在这个阶段，人们开始意识到儿童体育的重要性，并逐渐加强对儿童体育发展的关注。国家相继发布了一系列文件和政策，推动了幼儿园及学前教育的发展，提高了对儿童体育锻炼的重视程度。1951 年 7 月 13 日，中央人民政府政务院发布了《关于改善各级学校学生健康状况的决定》，1952 年，国家提出了“发展体育运动，增强人民体质”的口号。1956 年国家出台了第一套全国《小学体育课程大纲（草案）》，该大纲的出台掀起了儿童青少年参与体育运动的高潮，对我国儿童体育发展产生了重要影响。

（二）儿童体育发展中期阶段

这一阶段大约发生在 20 世纪 70—90 年代。国家相继出台了一系列与体育相关的政策法规文件，对幼儿体育的发展目标、课程内容、活动时间、活动场所等提出了具体的改革方案。人们对儿童体育锻炼有了更深刻的认识，并开始积极参与与幼儿体育相关的活动。这些文件包括 1979 年教育部出台的《城市幼儿园工作条例（试行草案）》、1981 年教育部出台的《幼儿园教育纲要（试行草案）》、1986 年国家教委出台的《关于进一步办好幼儿学前班的意见》等。

（三）儿童体育发展现阶段

这一阶段始于 21 世纪初，一直持续到现在。期间，我国陆续出台了多项关于儿童体育发展的政策文件。2012 年，教育部发布了《3~6 岁儿童学习与发展指南》，对儿童身心健康及动作发展提出了明确要求。2017 年，国家体育总局进一步规范了 3~6 岁儿童的活动场所与锻炼器材。2018 年，北京体育大学等机构联合推出了《学龄前儿童（3~6 岁）运动指南（专家共识版）》，为儿童体育锻炼提供了权威指导。此外，赵焕彬教授的《幼儿功能性动作教学理论与实践》一书也为幼儿动作训练提供了有效指导和建议。

尽管有这些文件和书籍作为参考，但关于儿童动作发展的权威资料仍然稀缺。儿童动作发展是体育锻炼的基石，对儿童的整体运动能力及体育发展具有深远影响。它不仅贯穿

所有体育锻炼领域，构成体育活动的基础，还是评估儿童身体发育状况最直接有效的途径。因此，我们应该高度重视儿童动作发展，将其作为评估儿童身体健康与动作发展的重要依据。

面对儿童体育发展中的挑战，我们需要进行全面审视，并提出科学、有效的应对策略。本书将深入阐述儿童青少年动作技能的发展规律与训练方法，旨在为儿童的健康成长提供宝贵的参考与指导。

二、青少年体育发展相关政策解读

（一）体教融合，多方促进青少年健康发展

2020 年 8 月，国家体育总局与教育部联合颁布了《关于深化体教融合　促进青少年健康发展的意见》。该文件围绕青少年体育锻炼，提出了一系列具体意见和要求，重点强调了以学校为平台的工作举措。这些举措包括确保体育课程的充足与全面、开展多样化的课余训练活动、加强对体育工作的评估与督导、完善青少年体育赛事体系、加强学校运动队的建设、提升体育教师素质、强化政策保障，以及加强组织实施等。文件彰显了体育与教育相融合的理念，旨在通过体教融合，有效促进青少年的全面健康发展。

（二）开足开齐体育课，确保每天运动一小时

国家在不同政策中相继提出了青少年每天运动一小时的锻炼时间要求。2014 年，国务院发布的《关于加快发展体育产业促进体育消费的若干意见》明确指出，要确保学生每天在校内的体育活动时间不少于一小时，并切实保障中小学的体育课课时，以让学生掌握至少一项体育运动技能。到了 2020 年 8 月，教育部在回应政协提案时，再次强调了这一立场，并严禁挤占体育课和学生校园体育活动的时间。随后，在 2021 年，教育部等五部门联合发布了《关于全面加强和改进新时代学校卫生与健康教育工作的意见》，其中提倡中小学生到校后先进行约 20 分钟的身体活动后再上课，以保障他们每天在校内和校外都能达到一小时的体育活动时间。这些政策文件均要求确保青少年每天获得充足且有效的体育锻炼时间。

此外，《关于全面加强和改进新时代学校体育工作的意见》以及《关于深化体教融合　促进青少年健康发展的实施意见》进一步细化了体育课的开设要求。这两份文件鼓励基础教育阶段的学校开足开齐体育课，具体到每天应开设 1 节体育课，小学阶段每周达到 5 节，初中阶段每周 4~5 节，高中阶段每周 3~5 节。同时，文件还明确规定，学生的课间和午休时间不得计入课外体育锻炼时间内，从而进一步保障了青少年体育锻炼的有效性和充足性。这些政策的出台，为青少年的健康成长提供了有力的保障。

（三）“双减”政策出台，加大推进体育锻炼力度

2021 年，中共中央办公厅和国务院办公厅发布了《关于进一步减轻义务教育阶段学生作业负担和校外培训负担的意见》，减轻义务教育阶段学生的作业负担，切实避免校内减负校外增负的现象。虽然“双减”政策并未直接针对青少年体育运动做出具体规定，但其实施效果却间接地为青少年参与体育活动创造了有利条件。通过减少作业量和规范校外培训，学生们在放学后的空闲时间得到了显著增加。

（四）新体育中考，加大体育考试权重

2021 年 9 月，北京市教育委员会发布了《北京市义务教育体育与健康考核评价方案》。

该方案由过程性考核和现场考试两部分组成，旨在改变过去仅注重结果评价的做法，增加对过程性评价的重视，并从小学阶段起计算分值，确保中小学体质健康评价的顺畅衔接。

考核内容主要包括三个部分，第一部分是常规考核内容，涵盖体重指数、肺活量、50 米跑、坐位体前屈、1 分钟跳绳、1 分钟仰卧起坐等基础体质健康项目；第二部分是新增的体育与健康知识考核，旨在提升青少年对体育健康知识的认知和理解；第三部分是更为丰富的运动能力项目，供青少年选择参与考核，项目范围包括三大球（足球、篮球、排球）、两小球（羽毛球、乒乓球）、体操、武术及游泳等。

除北京外，多地也根据当地学生的体质状况和体育发展特点，陆续推出了相应的体育中考改革政策。江苏、郑州、广州、深圳等省市便是早期改革的先行者。这些改革政策与“双减”政策相呼应，通过调整体育中考的考核方案，全面提升了青少年对体育锻炼的重视程度和参与程度，有力地推动了青少年体质健康的全面发展。

（五）颁布新课标，丰富科学性和全面性的锻炼内容

2022 年 4 月，教育部颁布了最新的义务教育阶段《体育与健康课程标准》，对课程的教育目标、内容和教学基本要求提出了新的规定。课标中强调“加强学段衔接，尤其注重幼小衔接”，显示出政策对各学段间连贯性的重视，这符合体能发展规律，有助于避免过早过度进行体能训练。

在课程理念上，除了坚持“健康第一”“学练赛”等原则、加强课程整体设计、改革教学方式外，还注重综合性学习评价。评价特别关注学生对体育健康知识的掌握和运动技能的表现，强调从过程与结果、定性与定量、相对与绝对多个维度进行综合考量。

在课程目标上，新课标实现了从单纯注重专项运动技能发展，到强调学生基本运动技能、体能及专项运动技能全面发展的转变，这更符合儿童青少年的身体发育和年龄发展特点。同时，在运动能力方面，再次突出了对基本运动技能、体能及专项运动技能的掌握和应用，凸显了对儿童动作发展和青少年运动技能习得的重视，提升了运动技能和体能在课程体系中的地位。

此外，新课标对四个水平阶段的教学内容进行了细致划分。水平一阶段不再仅限于教授专项运动技术，而是扩展到移动性技能、非移动性技能（与本书中的控制动作技能相同）、操控性技能等多个方面；水平二和水平三阶段明确了体能锻炼的具体要求；水平四阶段则着重让学生掌握 1~2 项运动技能。这一调整打破了以往所有水平阶段都以掌握专项运动技能为核心的教学模式，使得基本运动技能和体能锻炼的内容得到了更为合理的分配和关注。如表 1-1-1-1 和表 1-1-1-2 所示。

表 1-1-1-1　体育与健康课程内容结构

基本运动技能	体能	健康教育	专项运动技能	跨学科主题学习
移动性技能 非移动性技能 操控性技能	身体成分 心肺耐力 肌肉力量 肌肉耐力 柔韧性 反应能力 位移速度 协调性 灵敏性 爆发力 平衡能力	心理健康 疾病预防与突发 公共卫生事件 应对安全应急与避险	球类运动 田径类运动 体操类运动 水上或冰雪类运动 新兴体育类运动	设置有助于实现体育与德商、智育、美育、劳动教育和国防教育相结合的多学科交叉融合的学习主题，如钢铁战士、劳动最光荣、身心共成长、破解运动的“密码”、人与自然和谐美等

注：内容引用自中华人民共和国教育部制定，义务教育《体育与健康课程标准》课标内容，2022 年版。

表 1-1-1-2　课程内容与水平目标对应表

课程内容	水平目标			
	水平一	水平二	水平三	水平四
基本运动技能				
体能		V	V	V
健康教育	V		V	V
专项运动技能			V	
跨学科主题学习	V	V	V	V

注：表格引用自中华人民共和国教育部制定，义务教育《体育与健康课程标准》课标内容，2022 年版。

以上内容为关于儿童和青少年的体育政策概述，主要依据书稿截稿前发布的政策。随着体育工作的日益受重视，体育工作者需不断更新对体育政策的了解，实时掌握体育工作的动态变化，以便不断完善教学内容和提升认知水平。

子任务二　儿童青少年体质健康发展现状分析

本项子任务主要针对儿童青少年的体质健康现状和运动技能培养情况进行调研和分析。依据国民体质健康测试数据、世界卫生组织（WHO）数据、北京大学医学部公布的 7~18 岁青少年的体质健康测试调研结果，以及走访儿童青少年体育锻炼俱乐部所了解的情况，发现我国儿童青少年体质健康水平虽呈上升趋势，但仍存在超重、肥胖、姿态不良、近视率增高、心肺功能减弱等问题，同时缺乏系统的运动技能培养和专业的体育教师。因此，作为儿童青少年体育锻炼的干预者和指导者，必须清晰了解当前儿童青少年的体质健康和体育教学现状，以便更有针对性地开展体育教学工作。

一、儿童青少年体质健康现状

改革开放后，我国人民的生活条件逐渐改善，物质水平也越来越高。然而，随着电子产品的普及，人们过度依赖电子产品，导致面对面交流减少，户外活动和体育运动时间大幅缩减。同时，膳食结构的改变导致营养过剩、激素摄入过多和不合理膳食的现象普遍存在，这些严重影响了儿童青少年的身体健康成长。这些现象与社会环境、家庭环境、物质条件和思想意识密切相关。

根据2000-2010年我国对3~6岁儿童进行的国民体质健康测试数据统计，我国3~6岁儿童的身高、坐高、体重、胸围等形态指标以及体能指标，如10米折返跑、双脚连续跳和立定跳远，均有所上升（$p < 0.05$）。这表明这个年龄段儿童的形态发育良好，速度耐力和下肢力量发展较好。然而，在网球掷远、坐位体前屈和走平衡木的运动表现测试中，结果并不理想。这表明3~6岁儿童在上肢力量、柔韧性和平衡稳定能力方面发展不均衡，需要进一步有针对性地提升相关能力。

根据世界卫生组织（WHO）2017年的数据统计，全球超重或肥胖的婴幼儿（0~5岁）大多数生活在发展中国家，且增长幅度高于发达国家30%以上。预计到2050年，超重婴幼儿的数量将达到7 000万。如果不及时采取干预措施，这些肥胖婴幼儿可能会在儿童期、青少年期甚至成年期继续保持肥胖状态。

北京大学医学部公布的7~18岁青少年的体质健康测试调研显示，青少年的超重率和肥胖率在逐年增长。自1985年以来，超重率和肥胖率从1.11%和0.13%增长到2014年的12.15%和7.26%。此外，近视的检出率也呈上升趋势。另一项监测结果显示，全国青少年中脊柱弯曲异常的比例为2.8%。同时，身体素质测试结果显示，青少年的下肢爆发力、速度素质、力量素质以及耐力素质均呈下降趋势，只有柔韧素质呈上升趋势。

综上所述，儿童青少年过度依赖电子产品、缺乏户外活动和体育锻炼、营养过剩以及缺乏合理膳食习惯等问题普遍存在，导致肥胖超重、视力低下和体质下降等现象日益严重。为解决这些问题，我们需要从思想意识、理论知识和实际行动等多个方面入手进行改善。

二、儿童青少年运动技能发展现状

（一）儿童运动技能发展现状

儿童时期的运动技能与体能训练主要发生在幼儿园、学校、培训机构和家庭教育环境中。幼儿园作为儿童时期主要的干预教学场所之一，承担着最专业的培养任务。针对幼儿园的体质健康测试与评估，主要以体质测试项目为主，涵盖移动技能类（如：15米绕障碍跑、10米折返跑、双脚连续跳、立定跳远）、操作技能类（如：网球掷远、握力）、控制动作技能类（如：走平衡木）以及测试柔韧性的坐位体前屈等。这种测评方式符合儿童动作发展规律。

然而，在实际的幼儿园体育教学过程中，针对不同阶段的儿童，往往缺乏明确的基本动作发展锻炼计划。对于动作发展迟缓和发育特殊的儿童，也缺乏有针对性的改善方案。此外，幼儿园的体育教学过于侧重于韵律操和游戏等体育活动，缺乏系统的基本动作发展课程。这种偏向游戏化、舞蹈化和专项化的教学课程安排，可能会在儿童尚未掌握正确的基本动作技能之前，就让他们进行专项动作技能练习，如网球掷远等。这不仅会影响儿童的专项动作技能表现，打乱动作发展的顺序，还可能降低儿童参与体育锻炼的积极性。

同时，幼儿园在体育相关专业人才方面也存在不足。幼儿教师的体育专业能力和职业素养有待提高，甚至有非体育专业教师教授幼儿体育课程的情况。这导致在儿童动作发展的关键时期，无法给予相应的专业指导。教学形式过于游戏化，使得儿童未能在相应年龄阶段掌握对应的动作技能，进而导致动作发展迟缓或缺失。因此，加强幼儿园体育教师的专业培训和人才引进，提高体育教学质量，是促进儿童动作发展的重要途径。

（二）青少年运动技能发展现状

针对中小学学生体能发展现状，我国大部分中小学主要依据《体育与健康》课程标准进行体育教学。虽然涵盖了专项技术、课间操和课后运动队，但体能课程存在不足，缺乏针对性课程锻炼内容。新版的《义务教育体育与健康课程标准（2022 版）》加大了体能课程的权重和内容，更贴合儿童青少年的体能发展规律。

在社会经济等多重因素推动下，儿童青少年体能培训机构应运而生。家长对青少年健康的重视、生活环境的改变，以及社会经济的发展都推动了这类机构的出现。然而，在体育机构选择上，家长仍倾向于运动项目类体育培训班，对体能培训的认知存在地域差异。

尽管新版课标加强了体能锻炼的地位，但到 2023 年为止，我们仍缺乏专门针对儿童青少年系统的体能训练课程标准和教材。社会培训机构虽提供课程，但多与青少年生长规律脱节，且受外部因素干扰，难以保证锻炼的系统性和有效性。家长虽支持体育培训，但对科学锻炼的认知不足，常片面追求专项技能，导致过早专项化。

因此，为满足儿童青少年运动能力发展的需求，我们需要依据他们的身心和体能发展规律，构建一个系统化、科学化和专业化的运动技能发展课程体系。

子任务三　儿童青少年运动技能发展意义与发展模型构建

根据本书前期整合的政策解读与现状调研，并参考《人类动作发展概论》《义务教育体育与健康课程标准（2022 年版）》《少年儿童身体运动功能训练》等国内外相关书籍，我们结合我国儿童青少年的运动技能发展规律和现状，构建了一套系统的运动技能发展模型。该模型主要划分为六个阶段：胚胎期人体发育形成阶段、婴儿期自发和反射动作发展阶段、儿童前期基本动作技能自发和引导阶段、儿童后期基本运动技能引导和干预阶段、青少年时期身体素质发展阶段以及青少年后期专项运动选择阶段。每个发展阶段对于儿童青少年的身心健康都至关重要。运动技能的培养不仅有助于建立正确的动作技能和运动技能，还能有效促进身体素质的提升和专项运动成绩的提高，进而培养良好的终身运动习惯。因此，作为儿童青少年的体育锻炼指导者和干预者，我们需要深入理解这一运动技能发展模型，明确运动技能培养和发展的意义，以便科学、全面、系统地开展体育教育工作，满足运动技能培养人才的要求。

一、儿童青少年运动技能发展意义

儿童青少年时期是体能和运动技能发展的关键阶段。运动技能的发展不仅关乎个体健康和身体素质的提升，更对其未来的运动发展和竞技水平产生深远影响。通过深入了解和划分不同年龄阶段的运动技能发展模型，体育教育工作者能够更有针对性地设计培养计划和教学内容，为儿童青少年提供适宜的运动环境和专业指导，进而促进其全面发展。

儿童青少年的运动技能发展遵循一定的规律和顺序，从人体发育形成到自发和反射动作，再到基本动作技能和基本运动技能的掌握，以及身体素质的提升和专项运动技能的学习，每一步都至关重要。通过系统性、规律性的运动技能培养，可以有效促进儿童青少年全面的运动能力、健康的体魄和专业的专项技能。同时，随着他们逐步掌握复杂的运动技能，也能在各类竞技项目中崭露头角，取得更好的成绩，为未来的运动生涯奠定坚实的基础。

运动技能的培养还能帮助儿童青少年建立自信心。在运动实践中，他们会不断遇到挑战和困难，但通过坚持不懈地练习和努力，会逐渐掌握技能并取得进步，从而提高自己的信心和自尊心。这种积极的心态和态度不仅会在运动领域发挥作用，更会延伸到日常生活学习中，使他们更加勇敢、自信地面对各种挑战和困难，培养出积极向上的人生态度。

因此，儿童青少年时期的运动技能发展不仅是为了提升体能和专项成绩，更是为了培养他们的自信心和参与体育锻炼的兴趣。体育教育工作者应重视运动技能的培养，为儿童青少年创造良好的学习环境和提供专业的指导，引导他们在运动中不断成长、进步，成为身心健康、积极向上的新时代青年。

二、儿童青少年运动技能发展模型

儿童青少年的运动技能发展规律与成人体能训练、健美训练以及竞技体能训练存在显著差异。成人体能训练和竞技体能训练通常建立在已有的动作技能和运动能力基础之上，属于更为专项化的训练范畴。而相比之下，儿童青少年则处于体能训练的初期，这是奠定所有运动技能的基础阶段。因此，本书依据儿童青少年不同年龄阶段的发展规律和发育特点，将其运动技能发展细分为六个阶段，分别为胚胎期人体发育形成阶段（出生前）、婴儿期自发和反射动作发展阶段（0~1 岁）、儿童前期基本动作技能自发和引导阶段（2~6 岁）、儿童后期基本运动技能引导和干预阶段（7~12 岁）、青少年时期身体素质发展阶段（13~18 岁）以及青少年后期专项运动选择阶段（18 岁之后）。本书不仅提出了这六个发展阶段的划分，还明确了与之相对应的年龄范围，如图 1-1-3-1 所示。但需要强调的是，由于不同儿童青少年的身体发育和技能发展速度存在差异，这些年龄阶段的划分并不是绝对固定的，作为体育教育工作者，应根据儿童青少年的具体发展现状，灵活调整对发展阶段的判断和应用。

本书不对胚胎期人体发育形成阶段进行详细介绍，而青少年时期身体素质发展阶段和青少年后期专项运动选择阶段将在后续的系列书籍中阐述。本书主要详细阐述以下 3 个阶段，分别是婴儿期自发和反射动作发展阶段、儿童前期基本动作技能自发和引导阶段、儿童后期基本运动技能引导和干预阶段。

（1）胚胎期人体发育形成阶段。这是人体发育的最早和最初阶段，属于胚胎学的范畴。在此阶段，主要发生细胞的不断分裂、增殖和组织增长，为身体各系统的发展奠定最初的基础。胚胎期的动作发展和身体运动是胎儿在子宫内自发产生的，胚胎期的动作发展受孕育环境、摄入物质和母体身体状况的影响，胎儿会产生一些大幅度的吸吮、蹬腿、旋转和翻身等动作，这些动作没有外界的干预和影响。

图 1-1-3-1　儿童青少年运动技能发展模型

（2）婴儿期自发和反射动作发展阶段。婴儿期主要是指 0~1 岁，是动作发展的初期阶段，也是人体组织和器官迅速增长的时期。本书主要详细介绍婴儿期的动作发展情况。婴儿期的动作发展主要以反射动作为主，包括大肌肉群的粗大动作反射和小肌肉群的精细动作反射。根据婴儿期的动作发展规律，可以评估婴儿是否正常发育，并进行引导式的强化锻炼。

婴儿期的反射动作是基本动作技能的基石，它奠定了良好基础，有助于后续专项运动技能的发展。这些反射动作，如觅食、抓握、行走和翻正等，是婴儿自然产生的，无需外界干预或教学。随着婴儿对动作控制的提高，这些反射动作会逐渐减弱并消失，被更复杂的动作所取代。在婴儿后期，婴儿开始展现更多的动作，如姿势控制、移动和操作等。这些动作的发展是基本动作技能掌握的基础，也标志着婴儿进入了新的发展阶段。当婴儿能够独立行走和进食时，就意味着他们已经迈出了成长的重要一步。

此外，婴儿期反射动作的发展与基本动作技能的操作技能、控制技能和移动技能密切相关。例如，婴儿期的爬行动作是移动技能的前身，而尝试站立则需要良好的身体控制能力，这为后续控制技能的发展奠定了基础。

（3）儿童前期基本动作技能自发和引导阶段。这是婴儿期自发和反射动作的进阶阶段，也是动作发展系统的重要发展阶段，主要涉及 2~6 岁的儿童。该阶段主要包括精细动作技能和粗大动作技能的发展。精细动作技能主要涉及与手部相关的动作，如抓握、书写等。而粗大动作技能则涵盖移动性、操作性和控制性动作技能，如跑步、爬行、跳跃、抓握、踢球、投掷等。这些基本动作技能的掌握为儿童在未来的动作技术学习提供更多选择，为运动表现和专项运动技能的发展提供更多空间。

（4）儿童后期基本运动技能引导和干预阶段。这是基本动作技能的进阶阶段，主要涉及 7~12 岁的儿童。在这个阶段，儿童开始学习某项运动的基本运动技能，为专项运动的基本动作发展奠定基础。该阶段需要教师的引导和教学干预，主要侧重于掌握正确的运动技术能力，如跑步、跳跃、投掷等基本技能。这些基本运动技能的掌握为专项运动表现建立正确的运动技能模式。

（5）青少年时期身体素质发展阶段。青少年时期主要是指 13~18 岁阶段。在这个阶段，青少年已经具备正确的动作技能和良好的运动能力基础。随着身体发育的基本成熟和女生开始经历月经周期，会出现多个身体素质的敏感发展期。因此，教育的重点转向以身体素质的全面发展为目标，提高青少年的速度、力量、耐力、敏捷性、协调性、平衡感和柔韧性等身体素质，为他们在专项运动中所需的高级运动能力奠定坚实的基础。

（6）青少年后期专项运动选择阶段。青少年后期是指 18 岁之后。经历了前面五个阶段的体能发展后，青少年已经完全具备了基本动作技能、基本运动技能和相应的身体素质。在此基础上，他们可以根据自己的兴趣和体能发展的能力选择 1~2 个专项运动进行深入学习，并养成终身运动的习惯和健康体魄。例如可以选择篮球、田径、足球、健美操和游泳等项目。关于此阶段的专项运动技术内容，本书不再进行详细阐述。

以上 6 个阶段是儿童青少年体能训练发展中必须经历的过程。其中自发和反射动作发展、基本动作技能以及身体素质发展对于儿童青少年体能训练的正常发展至关重要。跨越或忽略任何一个阶段都可能阻碍他们运动技能的正常发展。

思考与实践

（1）我国对儿童青少年体质健康的政策要求体现在哪些方面？

（2）目前我国儿童青少年体质健康现状如何？

（3）儿童青少年运动技能发展模型包括哪几个发展阶段？

（4）根据运动技能发展模型，对一名儿童青少年的运动技能发展阶段进行评定，并阐述该阶段主要发展目标。

项目二　婴儿期自发和反射动作发展指导

思政园地

孩子是上天赐予父母和家庭最珍贵的礼物，他们的每一次成长都令人欣喜。运动是婴儿的天性，从他们降生的第一次啼哭开始，就踏上了运动的旅程。意大利教育家玛利亚·蒙台梭利曾强调："人出生后前 3 年的发展至关重要，其程度和重要性超越人生其他任何阶段。从生命变化、生活适应、对外界征服及成就来看，0~3 岁的功能实际大于此后至死亡各阶段的总和。因此，这 3 年可视为人的一生之缩影。"这段话深刻指出了婴儿早期发展的重要性。

婴儿智力的发展根植于动作，这些动作在不断地分化、组合和协调中，从低级逐渐迈向高级。婴儿期是人体生长发育最为旺盛的阶段，生理、智力和体力都迅速发展。这一时期，婴儿开始认识世界和自我，并逐渐形成个性、品格、意志力、兴趣爱好和身体素质。他们通过吸吮、触摸、爬行等动作直接感知世界，例如，从躺到趴再到爬的过程改变了他们的视觉角度；从爬到走再到跑则拓展了他们的探索范围。这些动作不仅促进了婴儿的神经系统和认知发展，还塑造了他们的个性和品格，提升了智力水平，为将来更深入的智力教育奠定了基础。

婴儿动作方式的发展是婴儿教育中直接、基础且综合的重要一环，应成为教育内容的核心之一。这种启发式教育对人的影响深远而持久。随着《中华人民共和国家庭教育促进法》于 2022 年 1 月 1 日正式实施，家庭、学校和社会三方共同促进未成年人健康成长的目标得以明确。此外，2023 年 3 月 15 日，国家卫生健康委员会人口家庭司发布的《家庭托育点管理办法（试行）（征求意见稿）》旨在通过政策扶持优生优育，进一步促进婴儿身心健康发展。这些政策的出台凸显了儿童体育在教育、体育及综合国力等多个领域中的特殊地位，其广泛而深远的影响对我国生产力和综合国力的提升具有战略意义。

项目导入

婴儿期动作发展以自发和反射动作为主。0~1 岁间，各月龄婴儿会展现特定的反射性动作，如粗大动作的原始反射、立直反射及平衡反射，精细动作中的手部活动和手眼协调等。这些动作既是自发反射的体现，也是评估婴儿身心发育的重要手段。观察婴儿是否展现相应反射性动作，有助于促进其发育。

婴儿动作发展遵循身心发展规律，其速度和成熟度受多种因素影响。作为监护者和干预者，我们应深入了解婴儿身心发展及动作发展规律，以更科学地促进其生长发育和动作表现。

任务一 婴儿期身心发展规律认知

婴儿期身心发展存在相对不平衡性。心理层面，随着月龄增加，婴儿的认知与情感逐渐成熟和完善。而在动作发展上，特定月龄会自发产生相应动作，但随时间推移，部分动作会逐渐消退或被更高级的动作所取代。值得注意的是，不同月龄的婴儿展现出各异的自发反射动作，这主要受到其身心发展规律的支配。作为婴儿的监护者和教育者，深入了解婴儿各阶段的身心发展特点至关重要。本任务旨在系统概述婴儿期的身心发展规律，为家长和教育者提供科学指导，以便更精准地观察和引导婴儿的健康成长。

学习任务

（1）在掌握婴儿期身心发展规律基础上，能识别评估不同阶段的行为动作的发展表现。
（2）识别不同月龄婴儿身心发展的变化，正确引导婴儿的全面发展。

学习目标

知识目标

（1）了解婴儿期身心发展规律。
（2）掌握婴儿不同阶段身体与心理发展的特征和规律。

能力目标

（1）能够熟练分析婴儿身心发展的变化，并科学评价相对应的发展阶段。
（2）能够识别婴儿身体发展的特征，观察和评估婴儿的正常发育表现。
（3）能够识别婴儿心理和情感变化的特征，观察和评估婴儿的心理和情感表现能力。

素养目标

（1）培养学生关爱儿童、培养祖国未来接班人的民族担当精神。
（2）培养学生尊重孩子生长发育规律、尊重生命和的责任意识。
（3）培养学生关爱儿童、心系下一代的职业素养。

子任务一 婴儿期身体发展规律探究

子任务一详细概述了婴儿期的身体发展规律。在0~1岁期间，婴儿身体发展呈现不均衡特点，主要表现在生长发育迅速，身高和体重以肉眼可见的速度快速增长，从头部到四肢都呈现出迅速增长的趋势。生理发育方面，骨骼系统发育较快，四肢和脊柱骨骼逐渐完善成熟，但呼吸系统和消化系统等器官发育尚不成熟，因此在这一时期的有氧运动刺激和喂养需要特别关注。在神经发育方面，婴儿早期头部重量相对较大，但许多神经突起的外围尚未形成髓鞘，这导致婴儿的精细动作不够准确、动作发展不够成熟，以及身体稳定性控制能力较差。作为婴儿的监护者和引导者，我们需要深入了解婴儿的身体发展特征和规律，以更科学的方式进行监测，并有效促进婴儿的动作健康发展。

一、生长发育规律

婴儿期是儿童身高和体重增长最为迅速的时期，这种增长是可以肉眼观察到的外部发育表现之一。新生儿的体重通常在 2.5~4.0 kg 之间，身长约为 49 cm，其中 3 kg 的体重位于中位数范围内。在婴儿期，体重变化经历了两个重要阶段：出生后大约 6 个月，婴儿体重会翻倍增长；到 1 岁时，体重通常增加到出生时的 3 倍，即约 9.3 kg。同时，身长也会增长到约 75 cm。然而，进入第二年后，成长速率开始逐渐下降。在这一年里，婴儿体重平均增加 2.5 kg（中国平均为 2.5~3.5 kg），身高平均增长 12 cm（中国平均为 10 cm）。通常，男婴儿的身高和体重会略高于女婴儿。

除了身高和体重的迅速增长外，婴儿期还伴随着体重和身高比例的变化。在这一时期，婴儿头部的变化尤为明显，这也是新生儿显著的身体特征之一。婴儿头围约占整个身体长度的四分之一，而成年后则约为身体长度的八分之一。与此同时，腿的长度约占整个身体长度的三分之二，但成年后会减少到身体长度的一半。头围的变化不仅是身体比例变化的体现，也是衡量婴儿大脑发育程度的重要指标之一。婴儿期头围的增大反映了神经胶质细胞、树突和髓鞘等方面的增加和发育。

婴儿期的身高和体重发育特征对身体动作发展产生直接影响。其中一个显著特征是头大腿短。由于下肢发育相对较慢，婴儿的身体重心位于躯干以上的头部位置。这种身体比例使得婴儿在保持身体姿势和平衡控制方面能力较弱。例如，他们在行走时身体会左右晃动，无法单侧站立或在不稳定的表面上站立。然而，随着年龄的增长和身体比例的变化，四肢开始快速发育，婴儿逐渐能够保持稳定的站立姿势，甚至在不稳定的地面上完成各种形式的动作。这一发展过程不仅体现了婴儿身体比例的逐渐均衡，也揭示了他们动作技能的不断提升和适应环境能力的增强。

世界卫生组织 2021 年 0~1 岁儿童体格和心智发育评价参考标准值如表 2-1-1-1 所示。

表 2-1-1-1　0~1 岁儿童体格与心智发育评价表

年龄	体重（男）（kg）	身高（男）（cm）	体重（女）（kg）	身高（女）（cm）	心智发育
出生	2.9~3.8	48.2~52.8	2.7~3.6	47.7~52.0	卧抬头，对声音有反应
1 月	3.6~5.0	52.1~57.0	3.4~4.5	51.2~55.8	伏卧抬头 45°，能注意父母面部
2 月	4.3~6.0	55.5~60.7	4.0~5.4	54.4~59.2	伏卧抬头 90°，笑出声、尖声叫、应答性发声
3 月	5.0~6.9	58.5~63.7	4.7~6.2	57.1~59.5	伏卧抬头，两臂撑起，抱坐时头部稳定，视线能跟随 180°，能手握手
4 月	5.7~7.6	61.0~66.4	5.3~6.9	59.4~64.5	能翻身，握住摇荡鼓
5 月	6.3~8.2	63.2~68.6	5.8~7.5	61.5~66.7	拉坐，头不下垂
6 月	6.9~8.8	65.1~70.5	6.3~8.1	63.3~68.6	坐不需要扶持，听声转头，自食饼干，握住玩具不被拿走，认出陌生人

续表

年龄	体重（男）（kg）	身高（男）（cm）	体重（女）（kg）	身高（女）（cm）	心智发育
8 月	7.8~9.8	68.3~73.6	7.2~9.1	66.4~71.8	扶物站立，会爬，无意识叫爸爸妈妈，喜欢躲猫猫，听得懂自己的名字，会摇手再见
10 月	8.6~10.6	71.0~76.3	7.9~9.9	69.0~74.5	能自己坐，扶住行走，自己协调的爬，理想一些简单的命令
12 月	9.1~11.3	73.4~78.8	8.5~10.6	71.5~77.1	独立行走，有意识叫爸爸妈妈。能够辨别家人的称谓和家庭环境中的物体

注：本表引自世界卫生组织 2021 年 0~1 岁儿童体格和心智发育评价参考标准值

二、生理发育规律

婴儿期儿童的各器官系统生长发育尚未成熟和完善。消化系统功能不足，胃壁较薄，胃液分泌量相较于成人更少，消化酶含量较低，消化能力相对较弱，因此容易发生营养和消化紊乱。同时，由于自身免疫系统发育不成熟，免疫力较差，婴儿极易受到外界环境的感染。

此阶段，婴儿的骨骼生长速度较快，但骨骼的硬度较小，弹性较大。不正确的姿势或外力撞击都可能影响婴儿的骨骼发育，尤其是脊柱的发育。从侧面观察，婴儿期的脊柱几乎是直的。随着婴儿的成长，脊柱逐渐出现自然弯曲：三个月抬头时出现颈部前凸，六个月能坐时出现胸椎后凸，到 1 周岁能行走时出现腰椎前凸。尽管如此，婴儿的骨骼仍然处于未完全成熟阶段，长期保持不正确的身体姿态或受到严重的外力撞击都可能导致骨骼变形。此外，由于婴儿骨质中有机物质较多，无机盐较少，因此骨质极易发生变形。因此，不建议让婴儿过早地坐和站立，应遵循其动作发展规律。

在婴儿期，呼吸系统和循环系统的发育也尚未完善。心肌收缩力较弱，而新陈代谢旺盛，因此需要较多的氧气补充。然而，由于心血管系统发育不成熟，心排血量较少，婴儿只能通过加快呼吸频率来满足氧气需求。婴儿期每分钟呼吸次数约为 30~40 次，随着年龄的增长，呼吸次数逐渐减少，到 2~6 岁时达到每分钟 20~30 次，7~12 岁时减少到每分钟 18~20 次。由于婴儿的呼吸节律不稳定，呼吸肌肉较薄弱，他们主要以腹式呼吸为主。相比之下，随着年龄的增长，越来越多的成年人开始采用胸式呼吸，这种呼吸方式较浅。因此，成年人应该学习婴儿的腹式呼吸动作，以改善呼吸质量。

三、神经系统发育规律

婴儿时期脑的发育非常迅速，出生前半年和出生后的第一年是脑细胞数量增长的关键时期。此后，虽然脑细胞数量不再增加，但细胞体积会增大，突起也会变长。出生时，婴儿脑的重量已占成人脑重量的 25%，而其整个身体的重量却仅为成人的 5%左右。在这一时期，脑重量会迅速增加，但到后期发育速度会逐渐减慢。

婴儿期的脑在重量上的发展尤为迅速，然而许多神经突起的外围尚未形成髓鞘，因此婴儿的动作精确性有待提高。例如，让婴儿尝试抓住一颗绿豆，或使用勺子、筷子等工具夹取碗中的食物，他们都难以精确完成。但随着年龄的增长，神经纤维会逐渐形成髓鞘，从而使动作越来越准确。同时，婴儿期的神经反应相对迟缓，对于外界环境的变化或信号的刺激，他们可能无法迅速做出反应，或根据预期做出相应的动作。例如，当婴儿处于静止或运动状态时，若突然出现一个篮球或人物，他们可能无法迅速做出反应和躲闪。尽管如此，婴儿仍然能够做出一些初步的反应，如在哭闹时听到熟悉的人呼唤，他们可能会停止哭闹或扭头看向声源方向。

脑部脊髓和脑干在出生时已经发育得相对成熟，但小脑的发育则较为缓慢。从婴儿期开始，小脑会迅速发育。因此，1 岁左右的婴儿在行走时可能仍显得步履蹒跚、晃动不稳，难以很好地保持身体和姿势的平衡。直到 3~6 岁时小脑发育成熟，他们才能稳定、准确地完成基本动作。

在婴儿期，大脑皮层的兴奋和抑制功能发展不平衡。兴奋状态的持续时间较短，对事物的注意力集中时间也相应较短。他们极易受到外界环境和自身注意力控制的影响，从而改变当前的关注点和兴奋点。此外，交感神经的兴奋性通常比副交感神经强，例如，婴儿期的心率频率普遍较快且节律不稳定，但恢复速度也相对较快。

四、运动系统发育规律

婴儿期的运动感知觉发展迅速，触觉、温度感觉和味觉都变得更加敏感，嗅觉反应也更为灵敏。此时，婴儿已能通过听觉根据外界声音刺激来分辨方向，同时也能通过视觉根据不同颜色和光亮度来区分颜色和光强度。

然而，这一时期的动作发展尚未成熟，受神经和生理发育的限制，婴儿难以保持身体的平衡与稳定。例如，他们无法完成如站立、单侧支撑站立以及稳定坐姿等动作，也难以进行需要精细手部和脚部控制的动作，如踢球或使用筷子夹取食物。此时婴儿的运动大多是自发或由神经反射引发的，而非经过外部干预或引导形成。因此，不建议过早地对婴儿进行运动干预或要求其提前掌握某些动作。例如，强制使用“学步车”让婴儿学走路并不可取。虽然表面上看婴儿似乎学会了走路，但长时间使用学步车可能会导致婴儿下肢和骨盆的骨骼发育畸形，进而出现 X 型腿、O 型腿等不良的骨骼发育姿态。

在婴儿期，应避免过多或过早地进行运动干预和引导，而应让婴儿自然地发展其动作能力和进行简单的运动，通过观察婴儿能够完成的动作，可以评估其发育是否正常。例如，在接近 1 岁时，婴儿应能扶墙简单行走、翻滚、坐立和站立等。关于具体的动作发展规律，将在后续任务中详细介绍。

子任务二　婴儿期心理发展规律探究

婴儿期儿童的心理发展相对简单，其思考和认知层面较为初级。由于思维认识受限，他们只能从事物的表面进行基础的认知。在婴儿期，儿童开始展现最初的思维过程，自我意识开始萌芽，并且情绪也有了一定的发展。举例来说，一岁的婴儿可能只会简单地说出几个字，其语言表达能力相对较弱，当他们感到饥饿时，会通过哭泣或踢打来传达自己的情绪和需求；在晚上入睡时，婴儿会寻找熟悉的亲人，这也是他们心理活动的一部分。同时，婴儿期的认知层面较为浅显，他们对动作和言语的理解有限。在这一阶段，婴儿主要通过模仿行为来学习一些基本技能，而且大多数动作的掌握都是自发和反射性的。婴儿开始对周围环境中的事物和声音产生浓厚的兴趣，当听到声音或感知到外界环境的变化时，他们很容易被吸引，并会做出一些反射性的动作。

因此，婴儿期的心理认知活动是建立在感知觉基础上的。这一过程受到记忆、思维、概括、推理和想象等多种因素的影响，从而使婴儿能够逐步把握外界事物的本质并了解其规律性。

一、婴儿期心理认知发展过程

（一）感觉

感觉是人体认知发展的重要组成部分，也是整个认知过程的起点。它是外界物质运动作用于感觉器官，通过外部或身体内部的神经通路传入大脑所引发的意识现象。新生儿在出生后的一个月内就已经具备了大多数人类的基本感觉，如视觉、听觉、嗅觉、味觉以及对身体位置和机体状态变化的感觉。在与周围环境的积极互动中，个体的各种感觉不断得到发展。感觉主要被分为内部感觉和外部感觉两大类。内部感觉涉及机体本身的状态，如运动觉、平衡觉和机体觉；而外部感觉则涵盖机体的视觉、听觉、味觉、嗅觉和皮肤感觉等。特别是，皮肤感觉还可以进一步细分为温觉、冷觉、触觉和痛觉四种。

婴儿一出生便具备视觉能力，能够对周围的亮光作出反应。大约在出生后 15 天，婴儿就能初步区分不同的颜色，尽管他们还不知道这些颜色的具体名称；满月的婴儿已经能够主动寻找移动的目标，他们的眼睛会紧随目标的移动而移动；到了 3~4 个月大时，婴儿会主动用眼睛搜寻熟悉的面孔，如母亲或经常抱他们的人。

实际上，婴儿在胚胎期就已经具备了一定的听觉功能。例如，在出生前进行的胎教活动中，给婴儿播放音乐、讲故事，就是利用了他们在胚胎期的听觉能力。出生后，婴儿能够感知到相对敏感的声音；到了 4 个月大时，他们已经能够准确地定位声音的来源，并会朝向声音的方向转头；6 个月大的婴儿则可以分辨不同声音的音色和音量，他们会根据声音的节奏挥动手臂或踢腿，以此来表达他们对所听到声音的兴奋感受；随着月龄的增长，婴儿的听觉能力也会不断提高。

刚出生的婴儿就已经具备嗅觉和味觉反应能力。大约在出生后一周左右，他们就能够区分不同的气味。味觉是婴儿出生时最为发达的感觉之一，不同的味道会引起他们不同的反应。例如，当他们尝到非常酸的柠檬或不喜欢的食物时，可能会露出难受的表情；而当他们尝到喜欢的食物时，则会高兴得手舞足蹈。

此外，婴儿一出生就具备皮肤感觉的反馈能力，其中对触觉的反应尤为明显。例如，本书中提到的吸吮反射就是婴儿嘴唇周围受到触碰时所产生的反射动作。然而，婴儿对痛觉的反应相对较弱和迟钝。当他们受到物体的打击或手指被压住时，可能需要几秒钟甚至十几秒钟才会作出反应。

（二）知觉

婴儿期的知觉发展相对缓慢。他们对物体的大小、形状和深度的认知较为初级，通常要到 3 岁左右才能判断图形的大小。在此之前，婴儿主要通过手掌的抓握来感知物体的大小。

然而，值得注意的是，3 个月大的婴儿已经能够分辨出简单的形状，并对图案鲜艳、形状各异的物体表现出浓厚的兴趣。到了 6 个月，婴儿开始展现出深度知觉的反馈。例如，当婴儿爬到较高的床边时，他们会停下来思考或转身改变爬行的方向。这种深度知觉的掌握与婴儿早期的运动经验密切相关，尤其是爬行技能的发展。因此，在适当的时机为婴儿提供充足的爬行机会是至关重要的。

1 岁左右的婴儿对时间的知觉相对有限，他们通常需要到小学之后才能准确地掌握具体的时间概念。然而，与此相对的是，婴儿的社会知觉发展较早。3~4 个月大的婴儿在受到引逗时，会露出开心的微笑；7~8 个月大的婴儿开始表现出认生的迹象，尤其是在晚上，他们更依赖熟悉的人；到了 1 岁时，他们喜欢玩躲猫猫等简单的互动游戏，并会做出相应的反应。

（三）注意力

注意力可以分为有意识的注意和无意识的注意两种类型。在婴儿时期，主要以无意识的注意为主。这种注意力没有明确的目标，持续时间较短，婴儿难以长时间关注某个事物。然而，随着婴儿的成长，有意识的注意开始逐渐萌芽。尽管在 3 岁之前，大部分注意力仍然是无意识的，但在 3~6 岁之间，有意识的注意力得到了迅速的发展。

（四）记忆

婴儿期的记忆主要以无意识的动作记忆为主。例如，婴儿会挥动手臂、蹬腿以及抓握手指等反射性动作。这些动作的出现是婴儿记忆发展的早期表现。随着婴儿的成长，他们开始对人和物有初步的认知。3~4 个月大的婴儿能够识别熟悉的面孔和物体；6 个月大的婴儿开始出现情绪记忆，能够记住与某些情绪相关的事件；7~8 个月大的婴儿则开始展现出社会记忆的能力，他们能够记住最熟悉和每天接触的人的面孔。此外，在 6~20 个月之间，婴儿的形象记忆也开始出现。例如，他们能够记住喜欢的积木的样子，并在想要玩时根据形象记忆去抓取玩具。到了 1 岁之后，逻辑记忆才开始逐渐发展。

（五）思维

在婴儿时期，思维的发展尚未成熟。婴儿所做出的动作主要是先天反射性的，这些反射性动作是思维产生的前提条件。随着婴儿的成长和经验的积累，他们的思维逐渐从直觉行动思维向具体形象思维过渡。在婴儿期，思维主要表现为直线思考的方式。例如，婴儿看到某个物体时，会直接伸手去伸够或抓握。此外，当婴儿感到饥饿时，他们会通过哭泣来吸引大人的注意，以满足自己进食的需求。这种直接的表达方式是婴儿期思维特点的重要体现。

二、婴儿期动作发展对认知发展的促进作用

婴儿期的动作发展对认知发展具有决定性的影响。动作发育的迟缓可能会导致智力认知发展的障碍，因为动作发展与婴儿的身体发育和神经系统发育紧密相连。

在 0~1 个月大时，婴儿的动作主要是反射性的，这意味着它们并不涉及大脑皮层的认知参与，而是会自动地、反射性地产生。到了 1~4 个月大时，婴儿开始尝试进行有意识的认知和动作行为。例如，一旦他们尝试了吸吮自己的拇指，为了再次进行这个动作，他们会努力回忆并重复之前的吸吮动作。当婴儿长到 4~8 个月大时，他们已经能够通过大脑的认知功能来识别喜欢的食物或玩具，并会伸手去抓取这些目标物体。这表明他们能够从环境中识别出特定的物体，并有能力完成抓取等操作动作。8 个月大后，婴儿开始通过自己的认知和

思考来指导动作，以满足自己的需求。例如，当他们看到喜欢的玩具或食物时，可能会发出声音、用眼睛紧盯目标，或者伸手去抓取。这些行为证明了婴儿能够通过自己的认知和思考来完成一系列的动作，以满足自己的需求。

同时，动作的发展也会提升婴儿的认知水平和加快其发育速度。特别是那些需要手部精细动作完成的任务，它们能够刺激大脑功能的发展，进而促进手的灵活性和协调性的提升。因此，动作发展和认知发展是相互促进、相互依存的。动作发展的阶段性变化不仅为我们提供了评估和检查婴儿大脑认知发展的手段，也是促进大脑和认知发展的有效锻炼途径。

三、婴儿期情感发展特征

婴儿期的儿童情感表达最为直接，毫无掩饰或转换，他们通常通过不同的情绪来传达自己的感受。1 岁的婴儿已经能够完全展现出基本情绪，如愤怒、悲伤、快乐、惊讶和恐惧。然而，更为复杂的情绪，如尴尬、害羞、内疚、嫉妒和骄傲，则需要等到大约两岁时才能表达出来。婴儿在 1 岁时的情绪变化和发展深受所处环境和周围人的影响。例如，3~6 周大的婴儿在看到人脸或听到高音量的说话声时，会自然地露出微笑。2 个月的婴儿在接种疫苗时能感受到疼痛，并会通过哭泣来表达自己的不适和愤怒。当婴儿在 3~4 个月大时受到疼痛刺激，比如被物体击中或摔倒，他们会流露出悲伤的情绪。到了 7 个月大，婴儿开始展现出社会认知，尤其在晚上，对熟悉的人的离开会让他们感到悲伤和恐惧。到了 1 岁时，面对从未见过的事物，他们会表现出明显的惊讶表情。

与此同时，当婴儿接触到不同的外界环境时，他们会展现出不同的情绪调节能力。例如，当感到不舒服或不开心时，婴儿会通过大声哭泣来吸引大人的注意。而当他们能够爬行和站立后，他们会通过移动来远离自己不喜欢的事物或人，以此调节和避免恐惧情绪。直到 1 岁能够说话后，婴儿才可以通过语言来更准确地表达自己的情绪。因此，在 1 岁之前，动作是婴儿表达情绪的主要途径。鉴于此，我们应该特别关注和观察 1 岁以下婴儿的非正常动作反应，以更好地理解他们的情绪和需求。

思考与实践

（1）思考婴儿期儿童身体发展规律涵盖哪些方面？

（2）思考婴儿期儿童心理和情感发展规律体现在哪些方面？

（3）如何结合婴儿的身心发展规律，观察和引导婴儿的正常生长发育？

任务二　婴儿期动作发展规律认知

婴儿期动作主要是自发反射产生的，不受意识控制，多为无意的自发和反射动作，主要包括粗大动作反射和精细动作反射，粗大动作反射包括原始反射、立直反射、平衡反应，精细动作反射包括伸够动作、抓握动作、双手操作动作和手眼协调配合动作等。粗大动作反射和精细动作反射的发展要遵循动作发展原则，同时也受到多种因素的影响。

作为婴儿的监护者和干预引导者，需要了解婴儿期动作发展的规律和原则，熟悉影响婴儿动作发展的因素，掌握自发和反射动作发展的相关内容，能够观察评估自发和反射动作的表现，把握动作的出现和消失时间，观察婴儿动作的表现状态，帮助和促进婴儿的正常生长发育。

学习任务

（1）能够根据婴儿期动作发展的原则和规律，观察和评估不同婴儿的动作表现阶段和特征。

（2）根据婴儿动作发展的影响因素，减少不利影响因素，创造良好的发展环境，促进婴儿动作的发展。

学习目标

知识目标

（1）了解婴儿动作发展的影响因素。

（2）熟悉婴儿动作发展的原则。

（3）掌握婴儿期自发和反射动作发展的特征。

能力目标

（1）能够根据动作发展的原则，观察和干预婴儿的动作发展顺序。

（2）能够根据动作发展的影响因素，为婴幼儿合理创设生长环境。

（3）能够根据动作发展的规律和内容，观察和评估婴儿不同阶段的动作发展特征。

素养目标

（1）培养学生追求严谨求实的职业素养。

（2）培养学生加强保护、科学规范的从教精神。

（3）培养学生尊重自然规律、科学求实的职业精神。

子任务一　婴儿期动作发展相关知识认知

婴儿期的动作发展主要是自发和反射产生的，遵循一定的发展原则。这些原则主要包括从上到下、从躯干到四肢、从大肌群到小肌群、从无意动作到有意动作的发展顺序。作为婴儿的监护者和引导者，我们需要遵循这些发展原则来评价和了解婴儿的动作发展。婴儿的动作发展受到多种因素的影响，主要包括先天遗传因素、后天的家庭环境、学习环境、干预引导以及动作发展的敏感期等。在监护和引导过程中，我们需要掌握相关的认知知识，从多个方面进行考虑，并给予婴儿一个正向的引导，以促进其动作和认知的全面发展。

一、婴儿期动作发展原则

不同时期的动作发展原则不同，婴儿期的动作发展原则主要包括从上到下、从躯干到四肢、从大肌群到小肌群、从无意动作到有意动作的 4 个发展原则。

1. 从上到下的原则

婴儿期的动作发展遵循从上到下的原则。例如，婴儿先发展头部和躯干的动作，然后发展上肢和下肢的动作。

2. 从躯干到四肢的原则

婴儿期最早发展的是头部和躯干的动作，然后是上肢和下肢的动作。

3. 从大肌肉群到小肌肉群的发展原则

婴儿最先发展的是大肌肉群的动作，例如通过躯干发力完成翻滚动作，通过大腿发力完成仰卧蹬腿动作。然后发展到小肌肉群的动作，例如手指抓握筷子，精确地夹住绿豆。

4. 从无意动作到有意动作发展原则

婴儿期动作的发展遵循从无意动作到有意动作的原则。在婴儿早期，动作发展主要是自发的、反射性的，由中枢神经系统自发产生，其主要目的是在受到外界刺激时产生动作以达到自我保护的作用。例如，觅食反射是为了满足婴儿的食物需求和缓解身体饥饿而产生的反应；翻正反射是当婴儿在同一姿势长时间保持或感到不舒服时，通过调整姿态来改变不舒服的感觉。

二、婴儿期动作发展的影响因素

婴儿的动作发展受多种因素的影响，包括先天遗传和后天因素。

先天遗传主要指的是父母遗传的固有因素，包括身高、体重和运动兴趣等潜在影响，尤其是身高的发育对动作发展具有重要影响。例如，早期具有较高身高发育的婴儿手和脚可能较大，这有利于完成抓握动作，抓握物体时也更稳固。先天因素还包括自发反射动作，即婴儿在无意识情况下自发完成的动作能力，主要受大脑皮层控制，当受到外界刺激影响时，会自动做出相应的动作，例如改变婴儿的高度时，婴儿会做出保护性的手臂外展和迅速屈曲抱住胸前，以自我保护。

后天因素包括环境因素、干预引导和动作发展敏感期等。环境因素方面包括文化环境、生活环境和父母性格等，这些环境变化会影响婴儿的活动范围和发展顺序。例如，过早使用学步车会导致婴儿行走时下肢骨骼发育不良。干预引导方面，婴儿的动作发展会受到干预引导者的行为和言语影响，外界刺激和干预可以影响婴儿的动作发展。例如，在婴儿能够扶物行走时，大人可以辅助婴儿进行扶物行走的动作练习，增加行走的稳定性和身体控制能力，为独立行走打下基础。

婴儿的动作发展还存在敏感期，这是指在某个时间段内，婴儿最容易发展某一特定动作行为的时期。在这个时期内，及时的干预和引导可以刺激婴儿加强该动作的发展。如果错过了这个时期的干预和引导，动作的发展可能会延迟或不成熟，甚至对今后的动作发展和运动造成不可逆的缺陷。

因此，在特定时期，我们应遵循动作发展的规律，进行适时的引导和干预，促进婴儿的动作发展，为今后的动作发展奠定坚实的基础。同时，在婴儿的不同发育阶段，观察动作发展是否完善，并关注是否存在生理发育不良等现象。尤其在婴儿期，每个月都会有惊人的变化，作为婴儿的陪伴者，我们应了解动作发展的规律，观察婴儿的动作发展是否正常。

子任务二　婴儿期动作发展过程特征解析与教学指导

婴儿时期的动作发展不需要过早的干预和教学，婴儿在出生后的第 1 年内动作发展迅速，每个月都能够展现惊人的变化。然而，这些动作都不是通过教学和练习而掌握的，它们主要是婴儿自发产生的反射性动作和刻板反应。正是通过这些反射动作，为后续的动作技能掌握奠定了基础。同时，反射动作也是检验婴儿在不同发育阶段是否正常的评估手段之一。反射动作只发生在婴儿期，1 岁后，正常发育婴儿的部分反射性动作会逐渐变弱甚至消失，当然也会有一些反射动作陪伴人的一生，例如膝跳反射，在不同年龄段都会产生不同程度的反应，这也成为医学和康复领域检查人体神经反应的一种方式。直到能够独立行走和独立进食的动作出现，代表着婴儿时期反射性动作的结束，开始向下一个动作阶段发展。

本项子任务分为四个部分，第一部分和第二部分介绍了婴儿期的粗大动作反射和精细动作反射。粗大动作反射包括原始反射、立直反射和平衡反应，精细动作反射包括伸够动作、抓握动作、双手操作动作和手眼协调配合动作等。第三部分介绍了婴儿期动作发展与儿童前期基本动作技能发展的关系，正确引导婴儿期动作发展能够为儿童前期基本动作技能发展起到良好的促进作用。

一、婴儿期粗大动作反射

婴儿期的粗大动作反射包括原始反射、立直反射和平衡反应。

（一）原始反射

原始反射是婴儿出生后就具备的先天性反射，它反映了婴儿机体发育和神经系统功能的健全与否。原始反射是由脑干控制产生的自发、刻板的动作，随着中枢神经系统的发育和成熟，原始反射被抑制或消失，新的动作和运动技能开始显现。当然，原始反射也可能出现缺乏、减弱、过度或持续存在等情况，这些现象可能表明婴儿存在发育异常，需要进行医学检查和干预治疗。

原始反射主要包括觅食反射、吸吮反射、吞咽反射、莫罗反射、巴宾斯基反射、抓握反射、不对称性颈部张力反射、对称性颈部张力反射、走路反射和侧弯反射。

1. 觅食反射

觅食反射主要指当你触碰婴儿的面颊或嘴唇时，婴儿会将头转向你触碰的方向。该反射不需要任何指导和引导，它帮助婴儿寻找食物。在早期的 1~2 周内，觅食反射的准确性可能不够，婴儿可能会左右摆动头部来试探，并且在转向目标方向后可能无法立即准确找到目标。但到了第三周，婴儿就能直接转头到触碰位置。

觅食反射通常在婴儿早期阶段出现，出生后 3~4 个月时，婴儿会通过啼哭或蹬腿等行为来引起父母的注意，以满足进食需求。觅食反射会逐渐消失。如果在婴儿 4 个月之前缺乏该反射，应引起重视。

2. 吸吮反射

吸吮反射在婴儿出生之前就已存在，并在出生后的 3 个月逐渐消失，被主动吸吮动作所取代。吸吮反射是指当奶嘴或乳头接触到婴儿口腔的上颚部分时，婴儿会出现反射性吸吮动作。由于婴儿早期的咀嚼功能尚未完全发育，婴儿只能通过吸吮反射和主动吸吮动作来吸取食物，满足营养需求，解决饥饿问题。

虽然吸吮反射在胚胎期就已经存在，但部分婴儿早期的吸吮动作可能不够连贯顺畅，常出现呛奶或与呼吸协调不良的现象。随着练习和时间的推移，婴儿的呼吸、吸吮和吞咽反射逐渐协调，进食变得更加顺畅。觅食反射、吸吮反射和吞咽反射必须正常反射完成动作，才能帮助婴儿完成进食过程。因此，首先需要正确地进行觅食动作，找到食物的方向，然后通过吸吮反射吸入食物。吸入口腔后，才能进行吞咽反射，完成整个进食过程。随着年龄增长，我们不再需要觅食反射来准确找到食物，并且可以通过咀嚼功能完成进食。

3. 吞咽反射

吞咽反射是新生儿的一种反射，早期婴儿的吞咽能力较弱，3~4 个月的婴儿还不能利用舌头将食物送入口腔至咽喉部。吞咽反射是婴儿进食的最后一步。首先进行觅食和吸吮反射动作，然后进行吞咽，使食物进入食道进行消化。吞咽反射主要分为三个步骤，第一步是婴儿用舌头卷曲将食物卷入咽部；第二步是食物到达咽部时，引起周围大量感受器和神经的反射性肌肉收缩，使食物从咽部进入食管；第三步是食管周围肌肉的反射性收缩，使食物顺着食管流向胃部，最终完成整个吞咽过程。然而，早期婴儿的咀嚼功能较弱，因此食物应尽量选择流质食物，减少喂食大块食物，如花生、大块肉等，因为这些食物容易引发婴儿噎住或堵塞食道，导致无法吞咽和呼吸困难等危险情况。

4. 莫罗反射

莫罗反射，也称为拥抱反射，是婴儿的一种自我保护和防御性反射。它在出生时就存在，通常在 4~6 个月时逐渐消失。莫罗反射主要指婴儿处于仰卧姿势时，突然被被动降低约 10 cm 的距离。例如，当你站立并抱着婴儿哄他入睡时，将婴儿放在床上，婴儿会先做出四肢外展伸直的反射性动作，然后再将其收回身体。一般上肢的反应动作更明显，下肢的反应较小。

如果超过五个月仍然存在莫罗反射，应及时评估检查，判断婴儿是否存在神经损伤。如果上肢出现不对称反应，可能存在半身轻瘫、臂丛神经损伤、锁骨或肱骨骨折等问题；而下肢持续出现反射未消失，应考虑脊髓下段损伤和先天性髋关节脱臼等问题。

5. 巴宾斯基反射

巴宾斯基反射是一种锥体束筛查反射。它指的是当我们轻轻触摸并滑过婴儿足部外侧边缘时，婴儿的脚趾会呈扇形张开的反应。该反射主要由中枢神经系统的锥体束和未发育成熟的大脑皮层引起。巴宾斯基反射最早在婴儿出生后的 4~6 个月出现，并逐渐在 6~18 个月消失，直到 2 岁才完全消失。如果在 2 岁之后仍存在巴宾斯基反射，应引起注意，并进行医学检查以判断锥体束发育不成熟或损伤的可能性。严重的锥体束损伤可能导致持续自发的巴宾斯基反射，甚至影响到下肢其他部位。

6. 抓握反射

婴儿期的抓握反射包括手掌抓握反射和脚掌抓握反射。这两种反射的检查方式相似。

当我们轻轻触摸婴儿的手掌或脚掌时，它们会做出屈曲的反应。例如，手掌抓握反射是指当我们触摸婴儿的手掌，除了大拇指外，其余手指会屈曲握紧。如果我们将成人的手指放在婴儿的手掌中间，婴儿会紧紧抓住我们的手指，并能够保持有力的握力一段时间。脚掌抓握反射是指当我们触摸和刺激婴儿脚掌的跖球部位时，被刺激一侧的所有脚趾会反射性地屈曲。这两种反射的不同之处在于消失时间。手掌抓握反射在出生前的胚胎时期出现，在 3.5 个月时消失。脚掌抓握反射出生时就出现，在婴儿 9 个月时消失。如果脚掌抓握反射超过 9 个月仍然存在，可能会影响婴儿 10 个月时尝试行走的动作发育。

7. 不对称性颈部张力反射

不对称性颈部张力反射，也被称为拉弓反射，出现在婴儿 1~4 个月的阶段。它主要受到上位中枢的控制，如果在第五个月仍然存在，可能提示婴儿的脑部发育异常。不对称性颈部张力反射指的是当婴儿处于俯卧或仰卧姿势时，将婴儿的头部转向一侧时，颈部肌肉会被拉伸，导致婴儿表现出不对称的肢体动作，转向的一侧上肢和下肢会伸展延长，而对侧上肢和下肢则会相反地屈曲。

8. 对称性颈部张力反射

对称性颈部张力反射是指婴儿处于坐姿时，当婴儿的头向后倾斜时，婴儿的手臂会伸直，双腿屈曲的动作；当婴儿的头向前倾斜时，婴儿的手臂会屈曲，双腿伸直的动作。这与不对称性颈部张力反射正好相反。对称性颈部张力反射出现较晚，在 6 个月时才出现，并在 8 个月时消失；对称性颈部张力反射的出现时间较晚，持续时间较短。

9. 走路反射

走路反射，也称为踏步反射，是姿势反射中的一种。它是移动行走动作中的反射动作表现。走路反射动作越成熟，婴儿掌握行走技能的能力就越好。走路反射是指将婴儿置于被动站立位，成人双手从背后放在婴儿的腋窝下方，扶持婴儿站立，使婴儿的脚着地承重。在这种情况下，婴儿会反射性地先伸直再屈曲承重侧的腿，仿佛在迈步。当承重侧的腿开始支撑地面时，婴儿会再次迈步，两侧的腿交替进行。

走路反射一般出现在出生后的 0~3 个月时期。如果在 8 个月后走路反射仍然存在，应进行医学检查，以排除脑性疾病的可能性。早产婴儿也可能出现走路反射，但动作会有所不同，早产婴儿会用脚尖着地走路；轻瘫、臀位生产的新生儿不会表现出走路反射的动作。

10. 侧弯反射

侧弯反射是姿势反射中的一种动作。它主要发生在婴儿俯卧或趴在大人手掌上时，当我们沿婴儿的脊柱或一侧背部轻轻向下滑动，或者用手掐婴儿一侧腰部的肌肉和皮肤时，婴儿会向同侧弯曲，膝关节伸直。侧弯反射出生时就会出现，在第 3 个月时消失。如果三个月后仍然存在，需要进行医学检查以判断是否存在脊髓弥漫性脑损伤。虽然侧弯反射在三个月后消失，但它奠定了婴儿以后翻身和起身动作的基础。

（二）立直反射

立直反射也称为矫正反射，是一种姿势反射。立直反射主要指身体保持某种姿势的情况下，当身体发生位置变化时，它能够自动使身体恢复到立直状态的反射。该反射主要受到中脑和间脑的中枢控制。无论身体发生不同方向的倾斜，头部、躯干和四肢都能够协调调整，使身体回到正常立直姿态，减少晃动和摔倒的情况。立直反射通常在婴儿出生后的 3~4

个月出现，并将终身存在。

立直反射包括颈部立直反射、躯干头部立直反射、躯干躯干立直反射、迷路性立直反射、视性立直反射和降落伞反射。无论是哪种反射，基本上都是在婴儿保持某种姿势的情况下，改变头部位置、躯干位置或者减少视觉干扰，婴儿能够依靠立直反射使身体的任何部位恢复到立直状态，从而保持平衡。例如，最经典的降落伞反射是指双手托住婴儿的腹部，使婴儿处于悬俯卧姿势，头部向下倾斜，身体呈倒立降落姿势。在这种情况下，婴儿会立即伸直和外展双手，张开手指，做出保护性的支撑动作。

颈部立直反射是婴儿期最常见的立直反射，指的是当婴儿处于仰卧姿势时，如果大人将婴儿的头部向一侧转动，婴儿的肩部、躯干和下肢会随着头部的移动方向转动，使整个身体跟随头部位置，恢复立直姿势。

总的来说，立直反射是一种平衡控制的反射动作，无论改变身体的哪个部位，特别是头部位置，身体都会恢复到立直姿势。这为婴儿的行走和翻滚动作打下了基础。

（三）平衡反应

平衡反应是神经系统发育的高级阶段，主要指的是当身体重心偏移或身体位置发生改变时，身体通过自身肌肉张力以及躯干和四肢的代偿性动作来适应和调整身体重心的变化，以恢复和保持正常姿势。这种反应在立直反射出现后不久就会出现，并终生存在。平衡反应与感觉系统和运动系统协调合作，影响婴儿的站立、行走等动作。如果婴儿站立时出现晃动，无法保持稳定的站立姿势，或者在单脚站立时无法完成单脚支撑动作等现象，与平衡反应和感觉系统有很大关系。

平衡反应包括仰卧位倾斜反应、俯卧位倾斜反应、膝手位倾斜反应、坐位倾斜反应（前方/侧方/后方）、跪立位倾斜反应和立位倾斜反应。无论婴儿处于什么姿势，当受到外界的倾斜干扰时，首先头部会保持直立姿势，然后四肢会根据倾斜的方向通过屈伸动作调整身体姿势，使身体恢复到直立状态，从而保持平衡稳定。

例如，坐位倾斜反应分为前方、侧方和后方，前方倾斜反应出现在 6 个月，侧方倾斜反应出现在 7 个月，后方倾斜反应出现在 10 个月，并终生存在。后方倾斜反应的出现标志着坐位倾斜发育姿势发展完善，开始向立位发展。坐位倾斜反应是指当婴儿处于坐位姿势时，大人可以用手向前、侧和后方推动婴儿的身体，施加不同方向的倾斜干扰。在这种情况下，婴儿为了保持身体平衡，在头部和躯干保持直立的情况下，会做出不同的动作反应，向前方迅速伸出上肢（前方倾斜）、倾斜侧上肢支撑和另一侧上肢伸展（侧方倾斜）、向后方迅速支撑上肢（后方倾斜）。无论是向前方、侧方还是后方，婴儿都会做出上肢和下肢的动作反应，以保持身体的平衡稳定。

因此，平衡反应实际上是立直反射的进阶反应。当身体受到外力干扰和影响时，除了头部和躯干能够保持直立姿势外，上肢和下肢也会做出相应的对抗动作，使身体恢复到直立平衡状态。这些反应都是婴儿自主发出的反射性动作，也是一种自我保护动作反馈，从而使身体保持直立状态。

（四）反射动作发展与基本动作技能的关系

婴儿期的反射动作发展不仅可以作为评估婴儿动作发展的方法，通过观察婴儿的动作变化来评估其发育现状和特点，而且还能促进儿童前期的动作技能发展。具备良好的婴儿反射动作技能,可以为儿童前期的粗大动作技能和精细动作技能奠定坚实的基础。不同的婴儿反射动作技能与儿童前期不同的动作技能相对应,表 2-2-2-1 详细展示了这种反射动作发展与基本动作技能之间的关系。

表 2-2-2-1 婴儿期反射动作发展与儿童前期基本动作技能的关系

反射类型	反射动作	外界刺激	反射动作表现	出现及消失时间	相对应的动作发展技能
原始反射	觅食反射	触碰婴儿的面颊或嘴唇	婴儿会将头转向被触碰的方向	0~3 个月	精细动作技能
	吸吮反射	奶嘴或乳头接触到婴儿口腔的上颚部分颚	婴儿会出现反射性吸吮动作	0~3 个月	精细动作技能
	吞咽反射	给予婴儿口中食物	婴儿用舌头卷曲将食物卷入咽部,引起周围大量感受器和神经的反射性肌肉收缩,使食物从咽部进入食管,食管周围肌肉的反射性收缩,使食物顺着食管流向胃部	0~3 个月	精细动作技能
	莫罗反射	婴儿处于仰卧姿势时,突然被降低约 10 cm 的距离	婴儿会先做出四肢外展伸直的反射性动作,然后再将其收回身体	0~6 个月	粗大(控制)动作技能
	巴宾斯基反射	轻轻触摸并滑过婴儿足部外侧边缘	婴儿的脚趾会呈扇形张开	0~4 个月	粗大(操作)动作技能
	抓握反射	轻轻触摸婴儿的手掌或脚掌	婴儿会做出屈曲的反应	手掌抓握,0~3.5 个月 脚掌抓握,0~9 个月	粗大(操作)动作技能
	不对称性颈部张力反射	婴儿处于俯卧或仰卧姿势时,将婴儿的头部转向一侧	婴儿转向的一侧上肢和下肢会伸展延长,而对侧上肢和下肢则会相反地屈曲	1~4 个月	粗大(控制)动作技能
	对称性颈部张力反射	婴儿处于坐姿时,将婴儿的头向后倾斜或向前倾斜	向后倾斜时,婴儿的手臂会伸直,双腿屈曲;向前倾斜时,婴儿的手臂会屈曲,双腿伸直	6~8 个月	粗大(控制)动作技能
	走路反射	婴儿置于被动站立位,成人双手从背后放在婴儿的腋窝下方,扶持婴儿站立,使婴儿的脚着地承重	婴儿会反射性地先伸直再屈曲承重侧的腿,仿佛在迈步。当承重侧的腿开始支撑地面时,婴儿会再次迈步,两侧的腿交替进行	0~2 个月	粗大(移动)动作技能
	侧弯反射	婴儿俯卧在大人手掌上时,沿婴儿的脊柱或一侧背部轻轻向下滑动,或者用手掐婴儿一侧腰部的肌肉和皮肤	婴儿会向该侧弯曲,膝关节伸直	0~3 个月	粗大(控制)动作技能

续表

反射类型	反射动作	外界刺激	反射动作表现	出现及消失时间	相对应的动作发展技能
立直反射	颈立直反射	婴儿处于仰卧姿势时，将婴儿的头部向一侧转动	婴儿的肩部、躯干和下肢会随着头部的移动方向转动，使整个身体跟随头部位置，恢复立直姿势	0~8 个月	粗大(控制)动作技能
	躯干头部立直反射	婴儿处于仰卧姿势时，转动婴儿的下肢成侧卧位	婴儿的头部也会跟随躯干和下肢转动成侧卧位	3 个月~5 岁	粗大(控制)动作技能
	躯干躯干立直反射	婴儿处于仰卧姿势，转动婴儿的下肢成侧卧位	婴儿会自主回到仰卧位姿势	4 个月~5 岁	粗大(控制)动作技能
	迷路性立直反射	蒙住婴儿的双眼，扶住婴儿的腰部，将婴儿向不同方向倾斜	婴儿头部始终保持立直状态	6 个月以前~终生	粗大(控制)动作技能
	视性立直反射	将婴儿放于检查者膝上，将婴儿向不同方向倾斜	婴儿头部始终保持立直状态	5 个月以前~终生	粗大(控制)动作技能
	降落伞反射	双手托住婴儿的腹部，使婴儿处于悬俯卧姿势，头部向下倾斜，身体呈倒立降落姿势	婴儿会立即伸直和外展双手，张开手指，做出保护性的支撑动作	6 个月~终生	粗大(控制)动作技能
平衡反应	仰卧位倾斜反应	婴儿仰卧姿势于倾斜板上方，上下肢伸展	头部会保持直立姿势，四肢会根据倾斜的方向通过屈伸动作调整身体姿势，使身体恢复到直立状态	6 个月~终生	粗大(控制)动作技能
	俯卧位倾斜反应	婴儿俯卧位姿势于倾斜板上方，上下肢伸展	头部会保持直立姿势，四肢会根据倾斜的方向通过屈伸动作调整身体姿势，使身体恢复到直立状态	6 个月~终生	粗大(控制)动作技能
	膝手位倾斜反应	婴儿保持爬行姿势于倾斜板上方，晃动婴儿的躯干和倾斜板	婴儿头部和胸廓会做出调整，较高一侧的手脚作出伸展状态，较低一侧的手脚作出保护性伸展和支撑	6 个月~终生	粗大(控制)动作技能
	坐位倾斜反应	婴儿处于坐位姿势，大人用手向前、侧和后方推动婴儿的身体，施加不同方向的倾斜干扰	婴儿的头部和胸部会恢复立直状态，同时上、下肢会做出向相应倾斜方向伸展和支撑	前方，6 个月~终生 侧方，7 个月~终生 后方，10 个月~终生	粗大(控制)动作技能
	跪立位倾斜反应	婴儿处于跪立姿势，牵拉一侧上肢，使其身体产生倾斜	婴儿的头部和胸部做出调整，被牵拉一侧做出保护性反应动作，另一侧外展伸展	15 个月~终生	粗大(控制)动作技能
	立位倾斜反应	婴儿处于站立姿势时，推动婴儿身体向前方、左右侧方和后方倾斜	婴儿的头部和胸部恢复立直姿势，躯干向倾斜方向弯曲、脚也向相应方向迈出	前方，12 个月~终生 侧方，18 个月~终生 后方，24 个月~终生	粗大(控制)动作技能

二、婴儿期精细动作反射

婴儿期的精细动作反射主要表现在手部、脚部和眼睛等部位，尤其是手部的精细动作反射最为多见。手是人体最复杂、最精细的器官，婴儿在早期就依靠手部来探索和感知世界。例如，拿起自己的脚放进口中、拿起玩具放进口中，都是通过手部和口部来感知和认识事物的。精细动作反射主要包括手部的抓握动作、捏取动作、伸够动作以及手眼协调配合的动作。例如拿笔写字、用手捡起绿豆、眼睛跟随移动的物体，并同时用手抓住等动作。精细动作是评价神经系统发育成熟程度的重要指标之一。

精细动作一般在大肌肉群发育后迅速发展。手的精细动作发展主要包括需要手掌完成的取物和放物动作，需要手指完成的捏取花生仁、搭积木等动作。这些动作表现为手抓握物体、手伸向物体、手放下物体以及腕关节动作等四个基本动作。这四个精细动作的发展也为后续操作动作技能打下了基础。

手部动作的发展主要考虑参与的肌肉群和操作的部位。从手的粗大肌肉动作开始，全手掌发力完成动作，例如用整个手掌触碰物体或抓握物体。然后，发展到手部的精细肌肉运动，多个手指或几个手指完成动作，例如用手指捏住绿豆等精准动作。从最初的触碰刺激引起的收紧反应，到能够抓握物体、尝试够物体，再到灵活地拿取和放置物体，婴儿在 1 岁内经历了巨大的变化。

婴儿期的精细动作发展与后续操作动作技能密切相关，也是操作动作发展的基础。婴儿期的精细动作通常指与手部相关的动作行为，包括伸手够取、握持物体、进食和书写等动作，还包括一些非手部的精细动作，如脚趾夹动作、眼睛移动活动等。该部分主要介绍手部精细动作的发展。当婴儿能够成功伸手触碰到一个物体时，这个动作的掌握和完成代表着婴儿已经具备了整合外部知觉和自身动作的能力。

1. 伸够动作的发展

伸够动作是婴儿早期最常见的动作之一，从婴儿出生后就开始存在。然而，在 4 个月之前，婴儿的伸够动作完成得很快，但不够准确。四个月后，伸够动作进一步发展，婴儿可以准确地伸手拿到想要的物体。然而，在这个阶段，婴儿的伸手动作相对较依赖即时的视觉反馈来调节手臂动作，并且动作还不够流畅。虽然 4 个月后的婴儿已经可以完成抓握动作，但还不能将伸够和抓握动作连贯起来。直到 9 个月后，婴儿的伸够动作变得更加准确，手臂的运动轨迹也更加流畅，能够将伸够和抓握动作连贯完成，并且不再依赖视觉信息反馈。然而，对于需要特别准确的动作，仍然需要依靠视觉反馈来完成。

综上所述，在 1 岁内，婴儿的伸够动作经历了 3 个阶段的变化。第 1 个阶段是从 0~4 个月，伸够动作快速但不够准确；第 2 个阶段是从 4~7 个月，婴儿可以将伸够和抓握动作连贯起来，并完成伸够动作；第 3 个阶段是 9~12 个月，婴儿的伸够动作变得更加准确和流畅。随着年龄的增长，儿童可以利用工具完成更精准的动作，例如使用筷子夹豆子、用笔画画等。

2. 抓握动作的发展

抓握动作与伸够动作相互联系，大部分情况下它们是连贯完成的。实际上，抓握动作在胚胎期就已出现。婴儿早期，当手部受到外界触碰刺激时，除了大拇指外，其余四指会出现弯曲的反射性动作。这种抓握反射在婴儿刚出生的第 1 个月时最为强烈，之后逐渐减弱。1

个月大婴儿的精细动作主要表现在手指的变化上，他们常常双手紧握；当物体碰到手时，他们会出现更紧张的握持反应。5 个月大的婴儿，能够更长时间地抓握物体或玩具，并可以双手抓握物体放入口中。当物体接触到他们的手时，他们会有意识地主动抓握，但抓握的位置尚不够准确。到了 6 个月左右，婴儿可以使用拇指和其他四指相对协调地完成抓握动作，如抓起一张纸。随后，手指捏取动作出现，即使用拇指和食指相对完成捏取，例如捏起花生豆或绿豆。此外，他们还可以在仰卧姿势下双手抓住自己的脚，并试图将脚放入口中。这时，他们还不能单手拿不同的东西；例如，当左手拿着一块积木时，再给他们另一块积木，他们会扔掉左手中的积木去拿新的。不过，他们可以双手分别抓握不同的物体，并能够稳定地握住奶瓶。

婴儿早期依靠视觉和触觉完成抓握，但到了 8 个月后，基本上只需依靠视觉信息反馈就能够调整手臂动作来完成抓握。在抓握的早期阶段，婴儿主要使用全手掌抓握，例如用整个手掌抓起一个玩具。随着月份的增长，婴儿的抓握越来越准确，可以抓握更小的物体，并在抓取和放置物体方面表现得更加灵活。例如，12 个月大的婴儿能够流畅地用拇指和食指捏起 2~3 个更小的物体，并准确地放入容器中。同时，他们可以抓握笔并在纸上随意划动。然而，这个时期的婴儿只能用全手握住笔，随意地划短线，还不能画出规则的圆形和直线。直到 24 个月时，他们才能使用手指握笔，并模仿画垂直线。

3. 双手操作动作的发展

在婴儿早期，双手同时运动是常见的现象，例如提前出现的拍手或击掌动作。然而，单侧运动或双手进行不同动作的情况则较少见。例如，粗大动作反射中提到的莫罗反射，当改变婴儿的头部方向或受到外界刺激时，婴儿会做出双手向后伸展、然后立即收回的动作，这个动作就涉及双手的同时运动。2 个月大的婴儿的精细动作表现在手和口的协调上，他们可以张开手掌，并能够用手拿起手掌大小的物体放入口中，进行吸吮反射动作。到了 4 个月大时，婴儿可以做出单侧发力和非对称的双手动作，例如拉弓反射：当改变婴儿的头部方向时，同侧手会伸直，而对侧手会屈曲。当然，这些双手动作和非对称性动作起初都是由反射引起的；随着月份的增长，婴儿开始受到视觉和大脑神经的影响，可以主动有意识地做出单侧运动，例如一只手拿着玩具，另一只手可以吃东西。

4. 手眼协调配合动作的发展

手眼协调完成的动作在前述的抓握动作和双手动作中都有涉及。在婴儿早期，视觉尚不敏感；例如，当婴儿面前的玩具移动时，眼睛还不能有意识地跟随其移动。随着月份的增长，婴儿的视觉变得更敏感：当看到感兴趣的物体时，眼睛会随着物体的移动而移动，并且能够准确地定位物体，完成伸够和抓握的动作，从而实现手眼的协调配合。例如，当婴儿看到积木桶中的积木时，可以用右手扶住积木桶，用左手拿出积木，同时完成双手配合的动作。4~6 个月的婴儿处于以手掌动作为主的锻炼阶段，也是婴儿精细运动发展的关键时期，婴儿开始展现手眼协调配合的动作。4 个月大的婴儿，双手可以握在一起并玩弄自己的手指；当看到物体时，他们会伸手去触摸或抓取，但触摸的位置不够准确，常常会抓错。这也是手眼协调配合动作的初次出现。10~12 个月的婴儿进入了手眼协调发展阶段，迅速学会手眼协调配合的动作。在这个阶段，婴儿已经能够分开十个手指，左右手可以抓握不同的物体，可以准确地完成抓握和放下的动作，同时可以跟随物体的移动来调整眼睛和手的位置，以获取他们想要的物体。

同时,家长也可以通过婴儿喜欢的玩具或食物来刺激和吸引婴儿的注意力,引导婴儿的视觉反应,帮助他们伸手抓取玩具,从而增强婴儿手眼协调配合能力的连贯性和流畅性。

三、婴儿期动作发展与基本动作技能的关系

在 0~1 岁的发育阶段,婴儿的动作发展经历着巨大的变化。每个月的动作发展都是逐步进行的,从依靠辅助到自主尝试,再到自主独立完成。而每个动作发展与后续基本动作技能的发展息息相关, 0~1 岁婴儿的反射动作发展是基本动作技能发展的基础。只有具备良好且成熟的反射性自发动作,才能正常进行基本动作技能的学习。婴儿期动作发展的评估是对后续动作技能发展和当时身体发育的评价手段。如果某个动作发展受限或缺失,都会影响基本动作技能的发展,甚至对一生的体育发展产生影响。因此,婴儿期的动作发展非常重要。任何一个动作的缺失都会限制基本动作技能的发展,从而影响后续专项运动技能的表现。0~1 岁婴儿动作发展变化与基本动作技能之间关系如表 2-2-2-2 所示。

表 2-2-2-2　0~1 岁婴儿动作发展变化与基本动作技能之间关系

月份	身体姿势	动作发展	相关联的基本动作技能
第 1 个月	俯卧、仰卧	自主握拳 无意识挥动手臂和蹬伸腿	精细动作技能
第 2 个月	俯卧、仰卧	抬头	粗大(控制)动作技能
第 3 个月	俯卧、仰卧	手眼配合移动 尝试翻身	粗大(移动)动作技能 粗大(控制)动作技能
第 4 个月	俯卧、仰卧	上肢支撑躯干起身 抬头和抬胸幅度增大	粗大(控制)动作技能
第 5 个月	俯卧、仰卧 尝试坐立	自主翻身 尝试辅助坐立	粗大(控制)动作技能
第 6 个月	俯卧、仰卧、坐立 尝试扶物站立	自主坐立 尝试被扶着站立 四肢分别完成分配动作	粗大(控制)动作技能 粗大(操作)动作技能
第 7 个月	俯卧、仰卧、坐立 尝试爬行	随意变换身体姿势 尝试爬行	粗大(控制)动作技能 粗大(移动)动作技能
第 8 个月	俯卧、仰卧、坐立、爬行 尝试站立	精细动作开始发展 手抓握物体,并完成击打 从坐姿过渡到被动站立	精细动作技能 粗大(控制)动作技能
第 9 个月	俯卧、仰卧、坐立、爬行 尝试站立	大肌群动作基本掌握 精细动作快速发展 拿放物体,但动作不成熟	粗大动作技能 精细动作技能
第 10 个月	俯卧、仰卧、坐立、爬行、站立	独立站立 辅助行走 独立使用水杯喝水	粗大(控制)动作技能 粗大(移动)动作技能 精细动作技能

续表

月份	身体姿势	动作发展	相关联的基本动作技能
第 11 个月	俯卧、仰卧、坐立、爬行、站立	粗大动作技能全部完成 精细动作开始突出表现 上下肢动作连贯	粗大动作技能 精细动作技能
第 12 个月	俯卧、仰卧、坐立、爬行、站立	独立进食 独立行走	精细动作技能操 粗大(移动)动作技能

思考与实践

(1)影响婴儿动作发展的因素有哪些?

(2)婴儿期动作发展遵循哪些原则?

(3)婴儿的动作发展特征有哪些?

(4)观察某个婴儿不同月份的动作发展过程并做好材料收集。

项目三　儿童前期基本动作技能发展指导

思政园地

在一次巴黎的诺贝尔奖得主聚会上，有人问一位诺贝尔奖得主：“请问您在哪所大学学到了您认为最主要的东西?”这位科学家平静地回答：“在幼儿园。”他认为，一个人的行为习惯和运动习惯都是从小培养的。在幼儿阶段就应着重培养孩子的运动习惯，毕竟这一时期形成的兴趣、爱好和习惯往往会成为他们未来长期坚持体育锻炼的强大动力。

教育部制定的《3~6 岁儿童学习与发展指南》指出，促进幼儿身心健康是教育的首要任务，其中身体健康的首要目标是使儿童具有健康的体态。在学前阶段，应根据幼儿的身体生长发育和发展特点，以身体锻炼为基本手段，着重培养幼儿正确的坐姿、站姿、走姿、跑姿、跳姿等，通过锻炼提高身体素质，为儿童日后在学校进行体育运动打下坚实的基础。

在幼儿教育中，应着重对儿童进行基本动作模式和基本动作技能的教学指导，以确保他们从小就掌握正确的动作要领，并养成经常锻炼的良好习惯。通过这样的教育，可以有效增强儿童的体质，提高他们对环境的适应能力。同时，在教学过程中，教师还应注重培养儿童良好的心理素质和社会适应能力，以促进他们全面发展。

为实现这些目标，教师可以灵活运用多种教学方法和手段，如体育游戏、比赛等，以激发儿童对体育活动的浓厚兴趣。在充满趣味的体育活动中，教师应积极引导幼儿，帮助他们形成活泼开朗的性格，培养他们坚强勇敢的意志品质和团结友爱的团队精神。通过让孩子们体验胜利的喜悦和快乐，教师可以进一步激发他们的竞争意识，培养他们的创造力和竞争性，从而形成良好的体育道德风尚。同时，教师还应注重儿童的安全教育，培养他们的自我保护能力。

项目导入

儿童前期基本动作技能发展是一个系统性的工程。为了奠定教学的理论基础，我们需要深入了解儿童前期的相关认知知识，并熟练掌握动作技能教学的生理与心理基础。儿童并非缩小版的成人，动作技能的教学必须符合儿童前期的身心发展规律。对儿童前期的动作技能进行测试与评估至关重要。通过这些评估，我们可以有效地评价和分析儿童所具备的动作技能发展水平。我们作为一名动作技能教学指导者，应根据测评结果，结合儿童前期的身心发展规律和动作技能发展规律，开展针对性的教学并制定周期性的锻炼计划，为儿童前期基本动作技能发展奠定基础。

任务一　儿童前期基本动作技能相关知识认知

本书将儿童前期划分为2~6岁年龄段，儿童前期的身体发展和认知心理发展较为特殊，不同年龄段的身体发展和认知心理发展有很大差异，在动作技能教学中需要我们结合儿童前期这一特点，选择合适的教学内容，通过丰富教学内容的多样性和趣味性来提升儿童前期的练习兴趣。

基本动作技能的发展是有规律可循的，制定科学、有效的基本动作技能教学方案，需要我们对基本动作技能包含的分类与动作发展的基本原则进行详细学习和掌握，只有对该模块知识的系统学习，我们才能更好地结合基本动作技能发展这一规律对我们所设计的教学动作进行难易程度的分解与设计，进而指导教学实践，让动作技能教学变的有章可循、有法可依。

学习任务

（1）能结合儿童前期的身心发展规律，科学规范指导儿童动作技能学习。

（2）能根据基本动作技能发展规律制定相应的锻炼计划。

学习目标

知识目标

（1）熟悉儿童前期不同阶段身心发展规律的特点。

（2）掌握儿童前期基本动作技能的发展原则与规律。

能力目标

（1）能结合儿童前期身体发展规律指导动作技能教学实践。

（2）能结合儿童前期认知心理发展规律提升与儿童的沟通能力与教学技巧。

（3）能完成基本动作模式和基本动作技能的教学指导实践。

素养目标

（1）培养学生严谨认真、爱岗敬业的职业态度。

（2）培养学生团结协作、科学求实的职业精神。

（3）培养学生关爱儿童、以身作则的职业素养。

子任务一　儿童前期身心发展规律解析

儿童前期影响生长发育和成长过程的因素存在显著的年龄和个体差异。了解和掌握这一阶段儿童的身心发展规律，对体育老师或教练制定更具针对性的训练计划至关重要，这将有助于更好地实现不同阶段的训练目标。

一、儿童前期身体发展规律

（一）骨骼与关节

儿童前期身体软骨成分较多，骨骼弹性较好，可塑性强，容易弯曲变形。儿童前期身体关节窝比较浅，且关节囊、韧带较松弛，肌肉纤细，关节活动度较大，但关节稳定性较差。成人有 206 块骨，儿童有 300 多块，比如成人的脊柱由 26 块椎骨组成，儿童因为 5 块骶椎和 4 块尾椎股未愈合，脊柱由 33 块椎骨组成。新生儿脊柱没有曲度，6 个月能完成坐姿时形成胸椎曲度，1 岁走路时形成腰椎曲度，7 岁左右颈椎曲度和胸椎曲度才能固定。胸骨由胸骨体、胸骨柄和剑突组成，儿童时期 3 块骨头还未愈合，依靠软骨连在一起，结构不太牢固。骨盆由左右髋骨、骶骨和尾骨组成，儿童时期 3 块骨依靠软骨连接组成。足弓由趾骨、趾骨和跟骨组成，婴儿的足弓是扁平的，幼儿开始行走后足弓逐渐形成，2 岁以后可看到足弓。不正确的坐姿、站姿和走姿容易引起脊柱、胸椎、骨盆以及足弓的变形。因此，在日常运动训练中不易进行大重量练习，需要加强关节稳定性的练习，长期合理的运动锻炼可以促进骨骼的发育，提高关节韧带的稳定性和抗压能力。

（二）肌肉

儿童前期的肌肉力量随着年龄的增长而逐渐增加，但是肌肉收缩能力较差，长时间运动易产生疲劳，主要原因在于其肌纤维较细，肌肉中所含的水分较成人多，蛋白质、脂肪、无机盐较少，能量储较差。但是儿童新陈代谢较旺盛，疲劳来得快，恢复得也快。受神经系统发育的限制，儿童前期大肌肉群的发展优于小肌肉群发展，因此在此期间可以进行克服自身重量、轻器械以及各种基本动作技能动作的练习，在发展大肌肉群的同时，也要重视小肌肉群的发展。

（三）心血管系统

儿童前期心脏发育较为迅速，1 岁时心脏重量为出生时的 2 倍，5 岁时心脏重量为出生时的 4 倍。但是其心脏容积小，每搏出量少，心脏负荷功能较差。该期间其心脏每分钟波动次数高于成人，随着年龄的增长心跳次数开始下降，并逐渐接近成人水平。因此，在运动训练中尽量减少闭气和静力性练习，运动强度不宜过大。

（四）呼吸系统

由于呼吸系统发育不完善，儿童前期的上呼吸道和下呼吸道较狭窄，因此儿童前期的呼吸频率较快，儿童前期不易进行强度较大的耐力训练，但随着年龄的增长和训练水平的提高，耐力训练强度可以逐渐增加。

（五）神经系统

儿童前期神经系统发育较快，也是发展基本动作技能的关键阶段。新生儿脑重量约 350 g，1 岁时约为 950 g，6 岁时为 1200 g，达到成人的 70%~80%，在此阶段幼儿神经系统的发育还不完善，神经活动的强度较弱，自我控制能力较差，注意力不能长时间集中，3 岁幼儿注意力集中时间为 7 分钟，5 岁幼儿注意力集中时间为 15 分钟，在进行练习时应注意增加训练内容的多样性，可结合游戏或不同形式的训练器材来提高训练的趣味性。

二、儿童前期认知心理发展规律

（一）注意力

注意力主要分为无意注意和有意注意，儿童前期主要以无意注意为主，5~6 岁才能较好地控制自己的注意力，但集中时间约 15 分钟。

无意注意主要受外界影响，表现为两个方面。一方面，鲜艳的颜色、强烈的声音、生动的形象、突然的刺激物都会吸引儿童的注意；另一方面，儿童感兴趣、与自身密切相关的刺激物也是其注意的对象。因此在训练中可以结合颜色鲜艳的器材、儿童比较感兴趣的事物来提高儿童参与训练的积极性。

随着年龄的增长儿童有意注意逐渐形成和发展，虽然这种有意注意还处于初级阶段，通过有意识、有目的的引导依然可以得到提升，在训练初期我们可以通过设置简单的训练目标或任务来提升儿童的有意注意，随着训练时间的积累，我们可以不断增加训练动作的种类和难度。

（二）记忆力

儿童前期的记忆时间较短、记忆的内容较少，对于带有快乐、愤怒、恐惧等情绪的事情记忆较为深刻。随着年龄的增长，儿童的记忆内容会逐渐增加，记忆的时间也会越来越长。在训练中我们可以结合这一特点选择儿童比较感兴趣、记忆较为深刻的训练内容或游戏激发其参与训练的积极性，同时采用由易到难、由简单到复杂的训练方法，不断增加训练动作的数量、难度以及复杂程度。

（三）思维

儿童前期的思维处于抽象思维发展的过渡阶段，1 岁以后的儿童开始产生思维，在 3 岁以前只有初级的形象思维；3~4 岁儿童的思维加工材料以图形为主，初步涉及符号、思维加工能力；4~5 岁儿童的思维加工材料仍以图形为主，但符号加工意识得到较大发展。在日常运动中可以将儿童感兴趣的图形、数字、符号以体育器材的形式融入训练中。

（四）想象力

儿童前期的想象力以无意想象为主，有意想象开始发展，主要体现在想象的目的不明确；想象的主题易受外界的干扰而变化；想象过程受兴趣和情绪的影响，在训练中可以结合儿童这一特点将练习内容以游戏或儿童想象中的情景进行训练。

（五）情绪

儿童前期的行为易受情绪的影响，儿童前期对自己情绪的控制起初是被动的，随着年龄的增长，对情绪的自我调节逐渐发展；儿童前期的情绪易受外界情景和事物的影响，其情绪不稳定易发生变化，随着年龄的增长和教育引导，儿童前期的情绪逐渐趋于稳定；儿童前期的情绪完全表露于外，丝毫不加以控制和掩饰，随着语言和心理的发展，儿童前期能逐渐调节自己的情绪和外部表现；最初的情绪表示是儿童前期生理需求是否得到满足，尤其是对自己喜欢的事物会表现出较好的情绪反应，在训练中可以通过对训练内容进行调整与儿童前期的情绪相结合，比如对其感兴趣的训练可以增加训练次数，在训练中体会成功的喜悦。

子任务二　儿童前期基本动作技能发展规律探究

动作发展是一个既复杂又有规律可循的过程。它遵循着“从上到下”“由近到远”“由大到小”“整合”以及“分化”等原则。与此同时，基本动作技能也会随着人体动作的持续发展而逐步完善，遵循着特定的发展顺序。因此，我们需要对基本动作技能发展的原则、规律以及分类有深入的了解。本任务将重点介绍儿童前期基本动作技能的发展原则、发展规律以及分类。

一、基本动作技能动作发展原则

（一）“从上到下”发展原则

人体的生长首先从头部发育开始，儿童前期有意识的动作发育，也是先从抬头、转头开始，然后发展到用手取物、再进一步发展到躯干的转动与直立，最后发展到下肢的活动及下肢与其他部分的协同动作。

（二）“由近到远”发展原则

儿童前期的生长发育是从脊柱向四肢发展的，在此阶段儿童更多使用控制关节的大肌群来完成粗大动作，随着年龄的增长和身体的发育，需要四肢远端参与的精细动作逐渐得到发展。

（三）“由大到小”发展原则

受神经系统发育的限制，儿童前期初始阶段，儿童大肌肉群力量发展优于小肌肉群，儿童可以很好地完成各种粗大动作，但完成需要小肌群参与的精细动作较为困难，随着肌肉和神经系统的不断发育，儿童才可以逐渐完成各种精细动作。

（四）“整合”发展原则

儿童前期身体各部分动作之间的协同配合能力随着年龄的增长逐渐提高，如在踢球时，儿童前期踢球时更多依靠小腿摆动将球踢出，伴随着年龄的增长该阶段儿童的神经肌肉系统不断完善，踢球过程中逐渐出现助跑、手臂摆动、摆动腿充分伸展以及踢球后的跨步等动作。

（五）“分化”发展原则

随着儿童前期身体发育神经肌肉系统的不断发育，儿童前期动作的完成更加熟练，动作分化也会随之出现，如在接球的过程中，最初儿童前期使用手臂抱接球，当手和胳膊的功能逐渐出现分化后，儿童前期在完成接球动作时，胳膊发挥伸展功能，手指则发挥着抓接功能。

二、基本动作技能发展的规律与分类

（一）基本动作技能的发展规律

基本动作技能的发展需要遵循一定的发展顺序。美国春田学院刘展教授在儿童动作技能发展金字塔中提出，儿童青少年身体技能的发展顺序首先是1~3岁发展基本动作模式，其次是4~6岁发展基本动作技能，最后是7~12岁发展基本运动技能，如图3-1-2-1所示。基本

动作模式是我们学习和发展基本动作技能的基石，而基本动作技能则是基本动作模式的发展。基本运动技能是基本动作技能的延伸，多个基本动作模式相结合可以组成一个或多个基本动作技能。基本动作技能的学习有利于基本运动技能的发展。因此，在儿童前期基本动作技能练习过程中，我们首先要建立基本动作模式，然后再发展基本动作技能，最后进行基本运动技能的教学。对于 2~6 岁的儿童前期，他们正处于发展基本动作模式与基本动作技能的阶段。在日常基本动作技能教学过程中，第一阶段我们应重点进行基本动作模式的教学，第二阶段则进行基本动作技能的教学。至于 7~12 岁少儿的基本运动技能，我们将在项目四章节中结合该阶段动作技能学习与年龄特点进行详细介绍，本部分不再赘述。

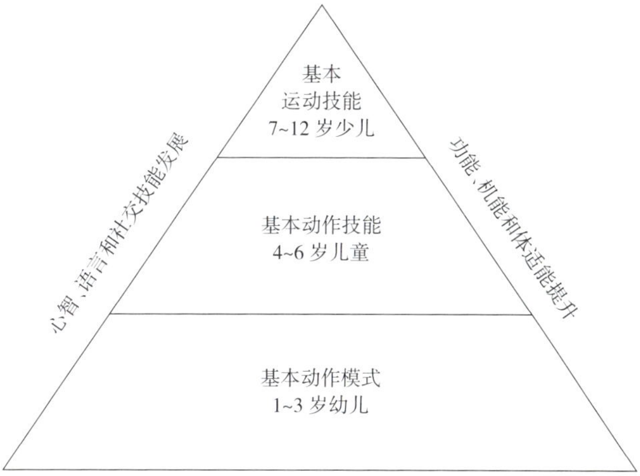

图 3-1-2-1　儿童运动技能发展金字塔

（二）基本动作模式分类

在人类身体活动中，存在十个基本动作模式，它们主要包括下蹲、弓箭步、步态、弯腰、转身、提拉、推撑、上举、爬行/攀爬和翻滚。在儿童前期的基本动作模式发展中，我们也是围绕这十个基本动作模式中的部分内容进行练习的。为了更好地设计训练方案和指导教学，并与基本动作技能教学相衔接，我们在结合相关理论与训练实践的基础上，主要对上肢基本动作模式和下肢基本动作模式进行了分类和教学指导。上肢动作模式和下肢动作模式的分类内容如下。

（1）上肢动作。推撑、提拉。

（2）下肢动作。下蹲、弓箭步。

（三）儿童前期基本动作技能分类

儿童前期基本动作技能分为精细动作技能和粗大动作技能两类。精细动作技能主要依赖于小型肌肉或肌群的运动，包括伸够、抓握、工具使用、绘画动作以及双手协调等。而粗大动作技能则主要包括移动技能、操控技能和控制技能等，是我们教学的主要内容。在本项目中，我们将重点介绍粗大动作技能中的移动技能、操控技能以及控制技能这 3 个部分的理论和教学内容。

1. 移动技能

移动技能是指能够使个体在空间产生位置移动的动作技术，主要包括跑、跳、跨越、滑步、翻滚，结合体能训练相关的理论与训练实践总结，我们可以将移动技能分为 3 个模块，如下所示。

（1）速度：各种跑类动作。

（2）下肢快速力量：各种跳、跨越类动作。

（3）灵敏协调：跑（绳梯系列）、滑步、翻滚等动作。

2. 操控技能

操控技能是指用手、脚控制物体的能力，包括接、抓握、拍、投掷（投、推、抛）、踢、接、击打等内容。结合体能训练相关的理论与训练实践总结，我们可以将操控技能分为 3 个模块，如下所示。

（1）上肢灵敏协调：接、抓握、拍等。

（2）上肢快速力量：投掷类（投、推、抛）等。

（3）下肢灵敏协调：踢、接、拍、击打等。

3. 控制技能

控制技能是指身体稳定和平衡的技能，主要包括下肢平衡与核心稳定，结合体能训练相关的理论与训练实践总结，我们可以将控制技能分为 2 个模块，如下所示。

（1）下肢平衡：静态、动态。

（2）核心区稳定：静态、动态。

思考与实践

（1）动作发展的原则包含哪些内容？

（2）基本动作技能发展的规律有哪些？

（3）基本动作模式的分类有哪些？

（4）基本动作技能的分类有哪些？

任务二　儿童前期基本动作技能测试与评估

无评估不训练，在进行基本动作技能教学前，我们需要制定较为详细的基本动作技能教学大纲。如何使教学大纲制定更具科学性、系统性、有效性，不仅需要我们掌握基本动作技能的分类，还需要对儿童前期进行动作技能测试与评估。测试与评估可以让我们更清楚地了解儿童前期现阶段所具备的基本动作技能水平，从而保证我们的教学计划更具针对性，达到“对症下药”的效果。

儿童前期基本动作技能测评内容主要有基本动作测评、大肌群发展测试（TGMD-3）、幼儿标准运动协调能力评估测试（M-ABC-2）、运动发育量表（PDMS-2）、奥氏运动能力测试量表（BOT）、国内幼儿体质健康测试等。本任务主要针对运动发育量表（PDMS-2）、大肌群发展测试（TGMD-3）和国内幼儿体质健康测试进行详细介绍。

学习任务

（1）掌握国外动作技能测评方法和评分标准，并能够精准地开展测试与评估。
（2）掌握国内体质健康测评方法和评分标准，并能够精准地开展测试与评估。

学习目标

知识目标

（1）了解运动发育量表（PDMS-2）的分类与内容。
（2）掌握大肌群发展测试（TGMD-3）的方法和评分标准。
（3）掌握国内儿童体质健康测试与评估方法。

能力目标

（1）能够对儿童前期进行大肌群发展测试（TGMD-3）的测试与评估。
（2）能够对儿童前期进行幼儿体质健康测试与评估。

素养目标

（1）培养学生科学测评严谨认真的学习态度。
（2）培养学生科学求实的体育精神。
（3）培养学生关爱儿童、以身作则、责任担当的职业理想。

子任务一　国外儿童动作技能测试与评估

国外儿童动作技能测试与评估
教学动作演示视频

运动发育量表（PDMS-2）测试主要适用于0~6岁的儿童，大肌群发展测试（TGMD-3）主要适用于3~10岁儿童，两种测试的主要方式是通过对受试者的多个动作完成情况进行测评与评分。

一、运动发育量表（PDMS-2）

（一）运动发育量表（PDMS-2）分类

运动发育量表（PDMS-2）主要适用于0~6岁的儿童，包括粗大动作测试和精细动作测试2个部分。粗大动作测试包括反射测试、姿势测试、移动测试、实物操作测试，精细动作包括抓握测试和视觉-运动整合测试。

（二）粗大动作测试

（1）反射测试。反射测试包括 8 项，主要用于评估婴儿对环境的自动反射能力，由于反射通常在婴儿 12 个月大之前就被整合，因此该测试主要适用于 11 个月的婴儿。

（2）姿势测试。姿势测试包括 30 项，主要用于评估婴儿期维持身体重心控制的能力和保持平衡的能力，该测试适用于所有年龄段。

（3）移动测试。移动测试包括 89 项，主要用于评估婴儿由一处移往另一处的能力，包括爬行、走、跑、单脚跳、向前跳等。该测试适用于所有年龄段。

（4）实物操作测试。实物操作测试包括 24 项，主要用于评估婴儿操控球等能力，评估动作包括接球、扔球、踢球。该测试主要用于 12 个月以上的婴儿。

（三）精细动作测试

（1）抓握测试。抓握测试包括 26 项，主要用于评估婴儿使用手的能力，从单手抓握物体开始，发展到控制性使用双手和手指的动作。

（2）视觉-运动整合测试。视觉-运动整合测试包括 72 项，主要用于评估婴儿运用视觉知觉技能执行复杂的手眼协调任务的能力，例如伸手抓握物体、堆积木、模仿绘画等。该测试主要适用于 12 个月以上的幼儿。

由于运动发育量表（PDMS-2）中内容较多，这里不再详述，学生可自行学习。

二、大肌群发展测试（TGMD-3）

大肌群发展测试主要用于评估儿童的粗大动作能力，适用于 3~10 岁的儿童。该测试分为位移动作测试与评估和物体操控动作测试与评估两个部分。位移动作测试与评估包括跑、前滑步、侧滑步、小马跳、立定跳远和单脚跳这 6 个测试动作；而物体操控动作测试与评估则涵盖上手投球、下手投球、接球、单手拍球、单手击自落弹起球、击固定球和踢固定球这 7 个测试动作。对于每个测试动作，都设有 3~5 个评分项，每达标一个评分项即可获得 1 分，未达标则得 0 分。每个测试动作都会进行 2 次测试，2 次测试的得分相加即为该测试动作的最终得分。整个测试包含 13 个测试动作，满分为 100 分。在动作测试前，教师只做动作演示，不对儿童做动作指导。

（一）位移动作测试与评估

1. 跑

【场地器材】长度约 20 m 的平坦场地，两个标志物和胶带。

【测试方法】相距 15 m 的距离摆放两个标志筒，分别设置为起点和终点，测试时让儿童从起点标志筒快速跑向终点标志筒，进行两次测试评分，如图 3-2-1-1 所示。

图 3-2-1-1 跑

【评分标准】上肢与异侧腿同步运动，肘部弯曲（1 分）；两脚短暂腾空（1 分）；非全脚掌着地（脚跟或脚尖着地）（1 分）；非支撑腿弯曲近 90°，脚接近臀部（1 分）。

2. 前滑步

【场地器材】长度约 10 m 的平坦场地，标志物和胶带。

【测试方法】相距 10 m 距离画两条线，分别作为起点和终点，测试时让儿童从起点线向终点线做前滑步，进行两次测试评分，如图 3-2-1-2 所示。

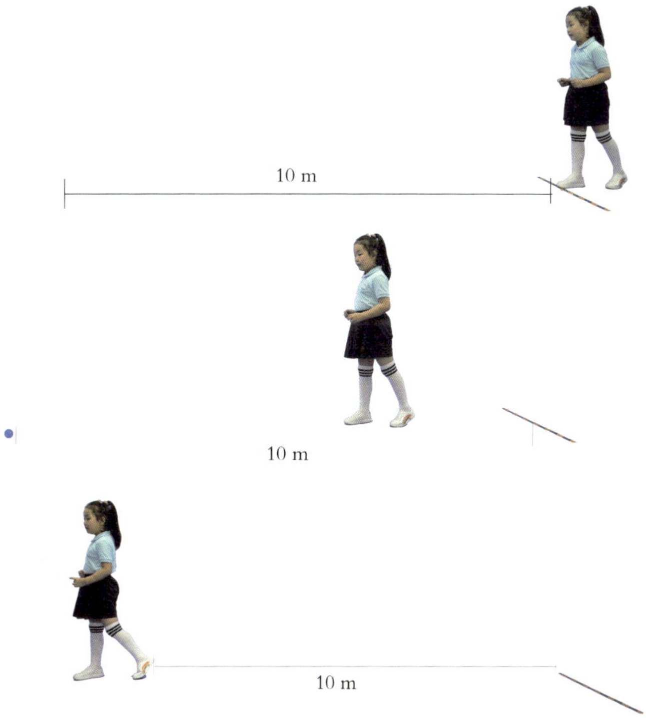

图 3-2-1-2 前滑步

【评分标准】两臂弯曲、向前摆动（1 分）；起滑脚迈一步，尾随脚跟一步（后脚位于前脚的一侧或者稍后方不能位于前面）（1 分）；两脚短暂腾空（1 分）；4 个连续滑步，节律性模式（1 分）。

3. 侧滑步

【场地器材】长度约 10 m 的平坦场地，标志物和胶带。

【测试方法】相距 7 m 距离摆放两个标志筒，分别设置为起点和终点，测试时让儿童从起点向终点做侧滑步，进行两次测试评分（每侧各一次），儿童自己决定哪侧先滑，如图 3-2-1-3 所示。

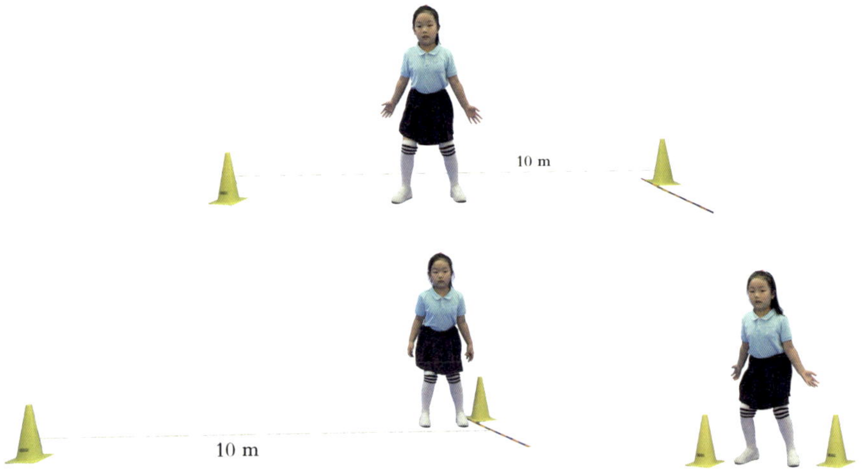

图 3-2-1-3　侧滑步

【评分标准】侧向站立肩与地上直线平行（仅进行优势侧评分）（1 分）；起滑脚滑一步，尾随脚跟一步，两脚有短暂腾空（仅进行优势侧评分）（1 分）；优势侧 4 次连续侧滑（1 分）；非优势侧 4 次连续侧滑（1 分）。

4. 小马跳

【场地器材】长度约 10 m 的平坦场地，标志物和胶带。

【测试方法】相距 10 m 距离画两条线，分别作为起点和终点，测试时让儿童从起点向终点做小马跳，进行两次测试评分，如图 3-2-1-4 所示。

图 3-2-1-4　小马跳

【评分标准】左右腿交替单脚跳，连续、重心有上下移动（1 分）；胳膊与异侧腿同步运动、肘部弯曲向前摆动提供动力（1 分）；完成四次连续有节律的交替跳（1 分）。

5. 立定跳远

【场地器材】长度约 5 m 的平坦场地，标志物和胶带。

【测试方法】在场地内画一条起跳线，让儿童站在起跳线后，尽可能向远处跳跃，进行两次测试评分，如图 3-2-1-5 所示。

图 3-2-1-5 立定跳远

【评分标准】两膝弯曲同时两臂向后伸展（1 分）；两臂尽可能向上摆过头顶（1 分）；两脚同时离地，同时落地（1 分）；落地时两臂下落（1 分）。

6. 单脚跳

【场地器材】长度约 6 m 的平坦场地，标志物和胶带。

【测试方法】在场地内画一条起跳线，让儿童站在起跳线后使用优势腿向前连续跳 4 次，进行两次测试评分，如图 3-2-1-6 所示。

图 3-2-1-6 单脚跳

【评分标准】非支撑腿向前摆动产生动力（1 分）；非支撑腿的脚要始终放在支撑腿的侧后方不能超过身体前侧（1 分）；两臂弯曲向前摆动产生动力（1 分）；用惯用脚连续跳 4 次（1 分）。

（二）物体操控动作测试与评估

1. 上手投球

【场地器材】网球、胶带、长度 10 m 的平坦场地。

【测试方法】在距墙 5 m 处画一条投掷线，测试前测试者向儿童做动作示范，示范结束后让儿童站在投掷线后方，以上手方式用力将球向墙的方向扔出，进行两次测试评分，如图 3-2-1-7 所示。

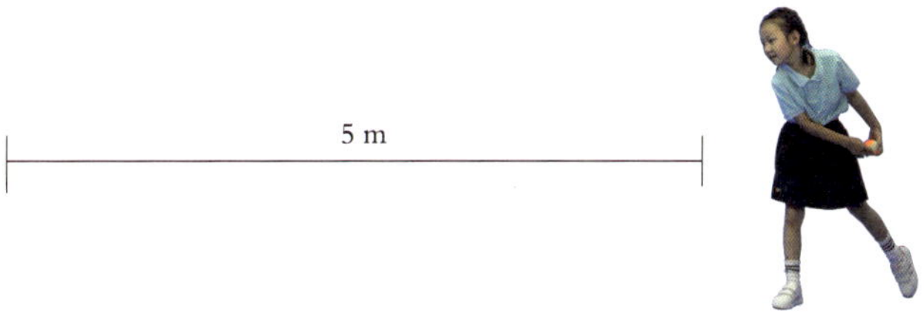

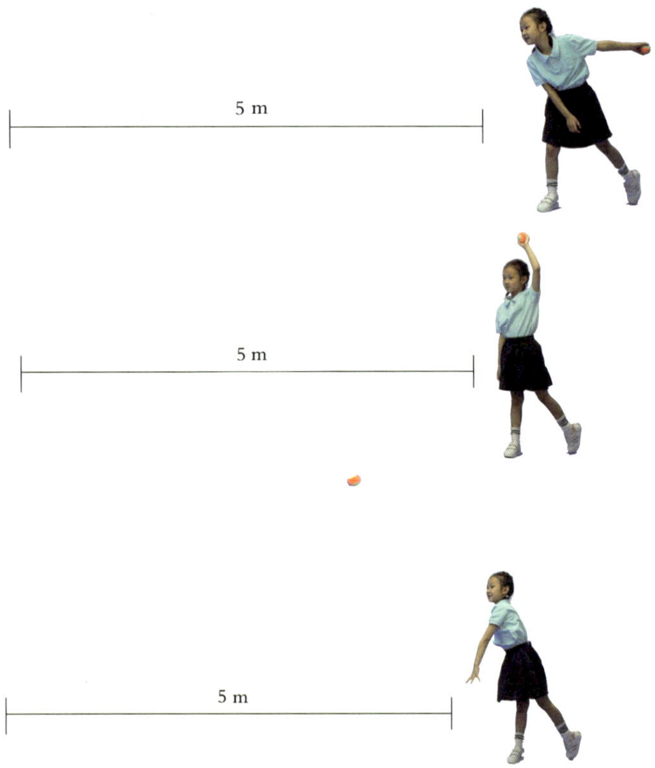

图 3-2-1-7　上手投球

【评分标准】一开始向后挥手臂(1分);臂、肩转动、带动投掷面转向非投掷面(1分);投掷手相对的异侧肢体向前上步(1分);球脱手后、手有一个随摆动作、摆到非投掷面的臀部(1分)。

2. 下手投球

【场地器材】网球。

【测试方法】在距墙6 m处画一条投掷线,测试前测试者向儿童做动作示范,示范结束后让儿童站在投掷线后方,以下手方式用力将球向墙的方向扔出,进行两次测试评分,如图3-2-1-8所示。

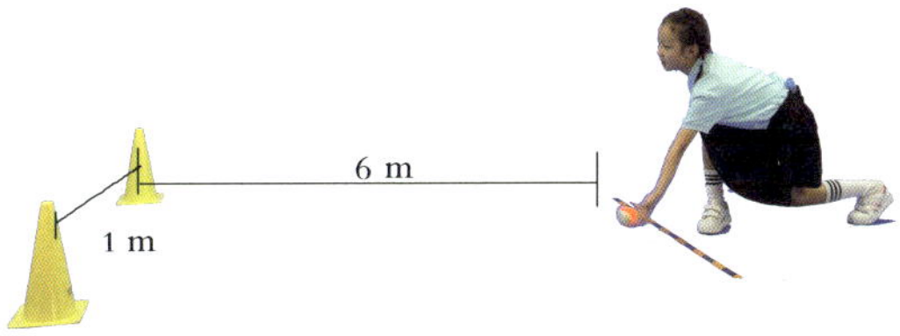

图 3-2-1-8　下手投球

【评分标准】优势手向下向后摆动、摆到躯体后侧（1 分）；两脚前后站立，与扔球手异侧腿上步（1 分）；将球向前扔球直接打到墙上不能触地（1 分）；扔球后手有一个摆动动作、至少要摆到胸前（1 分）。

3. 接球

【场地器材】小皮球。

【测试方法】相距 3 m 距离画两条线，测试者以下手投球的方式将球投到对面儿童的胸前区域，儿童则用手快速接球，进行两次测试评分。注意：只有将球投到儿童的胸前区域，才能给儿童评分，如图 3-2-1-9 所示。

图 3-2-1-9　接球

【评分标准】两臂放在身体前方，肘部弯曲（1 分）；两臂向前伸出接球（1 分）；只是用手接住球（1 分）。

4. 单手拍球

【场地器材】篮球。

【测试方法】要求儿童在不移动脚的情况下，用一只手连续拍球 4 次后抱住球，进行两次测试评分，如图 3-2-1-10 所示。

图 3-2-1-10　单手拍球

【评分标准】约在腰际水平用一只手拍球（1 分）；用指尖触球，而不是全手掌触球（1 分）；连续四次拍球，不能移动脚（1 分）。

5. 单手击自落弹起球

【场地器材】网球拍、网球。

【测试方法】让儿童站在距墙面 2 m 的位置，一侧手握拍，一侧手持球。测试时要求儿童将球快速丢向地面，当球反弹至腰部水平时，向着墙面方向快速挥拍击球，进行两次测试评分。

【评分标准】当球自地面弹起时，球拍后引（1 分）；非优势腿向前上步（1 分）；将球击向墙（1 分）；拍子有随摆动作、摆动到非优势肩部水平（1 分）。

6. 击固定球

【场地器材】垒球、垒球棒、固定架。

【测试方法】测试前将球放在儿童腰部高度的托架上，球棒放在地上，测试时儿童拿起球棒后用力向正前方击球，进行两次测试评分，如图 3-2-1-11 所示。

图 3-2-1-11　击固定球

【评分标准】惯用手在上、非惯用手在下（1 分）；非优势手同侧的肩部和髋部朝向击球方向（正前方）（1 分）；转身时，髋和肩也同时旋转、挥动过程中髋和肩不能转动（1 分）；非优势脚向前上步（1 分）；将球击向正前方（上方或下方不行）（1 分）。

7. 踢固定球

【场地器材】足球。

【测试方法】距墙面 6.1 m 画第一条线，距第一条线 2.4 m（距墙面 8.5 m）画第二条线，将球放在第一条线，儿童站在第二条线上，测试时儿童快速跑向足球用力将球朝墙面的方向踢出，进行两次测试评分，如图 3-2-1-12 所示。

图 3-2-1-12　踢固定球

【评分标准】快速、无停顿地接近球（1 分）；踢球前拉大步幅或迅速跨跳（1 分）；支撑腿位于球的侧方或后方（脚距球不能太远）（1 分）；用脚背或者脚的内侧踢球（不能用脚尖踢球）（1 分）。

子任务二　国内幼儿体质健康测试与评估

国内幼儿体质健康测试与评估
教学动作演示视频

《国民体质测定标准手册幼儿部分》中素质测试部分对于儿童早期的动作测试也有详细介绍，该测试目前在国内幼儿园使用较为普遍，主要适用于3~6岁阶段的儿童，主要测试内容包括坐位体前屈、3 m平衡木、投网球、立定跳远、双脚连续跳、10 m折返跑六项内容。

1. 坐位体前屈

【场地器材】坐位体前屈测试仪，瑜伽垫。

【测试方法】测试时，儿童坐于垫子上，双脚伸直，脚跟并拢，全脚掌蹬在测试仪平板上。然后掌心向下，双臂平伸，上体前屈，用双手中指指尖匀速推动游标平滑前移，直至不能移动为止。如图3-2-2-1所示。

图3-2-2-1　坐位体前屈

【评分标准】测试2次，取最好成绩，记录数值以cm为单位，保留小数点后一位。男生、女生各年龄段成绩评分表见表3-2-2-1和表3-2-2-2。

表3-2-2-1　男生坐位体前屈（cm）

年龄	5分	4分	3分	2分	1分
3岁	>14.9	14.9~11.7	11.6~8.6	8.5~4.9	4.8~2.9
3.5岁	>14.9	14.9~11.6	11.5~8.5	8.4~4.7	4.6~2.7
4岁	>14.9	14.9~11.5	11.4~8.5	8.5~4.5	4.4~2.4
4.5岁	>14.4	14.4~11.0	10.9~8.0	7.9~4.2	4.1~1.8
5岁	>14.4	14.4~11.0	10.9~7.6	7.5~3.5	3.4~1.1
5.5岁	>14.4	14.4~11.0	10.9~7.6	7.5~3.3	3.2~1.0
6岁	>14.4	14.4~10.5	10.4~7.1	7.0~3.2	3.1~1.0

表 3-2-2-2　女生坐位体前屈(cm)

年龄	5 分	4 分	3 分	2 分	1 分
3 岁	>15.9	15.9~13.0	12.9~10.0	9.9~6.3	6.2~3.2
3.5 岁	>15.9	15.9~13.0	12.9~10.0	9.9~6.3	6.2~3.5
4 岁	>15.9	15.9~13.0	9.0~8.0	9.0~8.0	9.0~8.0
4.5 岁	>16.0	16.0~13.0	12.9~10.0	9.9~6.0	5.9~3.0
5 岁	>16.6	16.6~13.2	13.1~9.7	9.6~5.5	5.4~3.0
5.5 岁	>16.7	16.7~13.0	12.9~9.7	9.6~5.5	5.4~3.0
6 岁	>16.7	16.7~13.0	12.9~9.6	9.5~5.4	5.3~3.0

2. 3 m 平衡木

【场地器材】使用平衡木和秒表测试，平衡木长 3 m、宽 10 cm、高 30 cm，平衡木两端为起点线和终点线，两端外各加一块长 20 cm、宽 20 cm、高 30 cm 的平台。

【测试方法】测试时，儿童站在平台上，面向平衡木，双臂侧平举，当听到“开始”口令后，向前行走。测试人员从儿童起动开表计时，当儿童任意一个脚尖超过终点线时，测试员停止计时。如图 3-2-2-2 所示。

图 3-2-2-2　3 m 平衡木

【评分标准】测试 2 次，取最好成绩，记录时间以 s 为单位，保留小数点后一位。男生、女生各年龄段成绩评分表见表 3-2-2-3 和表 3-2-2-4。

表 3-2-2-3　男生走平衡木(s)

年龄	5 分	4 分	3 分	2 分	1 分
3 岁	<6.6	6.6~10.5	10.6~16.8	16.9~30.0	30.1~48.5
3.5 岁	<5.9	5.9~9.3	9.4~15.0	15.1~27.0	27.1~41.1
4 岁	<4.9	4.9~7.3	7.4~11.5	11.6~21.5	21.6~33.2
4.5 岁	<4.3	4.3~6.2	6.3~9.6	9.7~17.8	17.9~28.4
5 岁	<3.7	3.7~5.2	5.3~7.8	7.9~14.0	14.1~22.2

续表

岁	5 分	4 分	3 分	2 分	1 分
5.5 岁	<3.3	3.3~4.5	4.6~6.7	6.8~12.0	12.1~19.2
6 岁	<2.7	2.7~3.7	3.8~5.3	5.4~9.3	9.4~16.0

表 3-2-2-4　女生走平衡木(s)

年龄	5 分	4 分	3 分	2 分	1 分
3 岁	<6.9	6.9~10.7	10.8~17.3	17.4~32.4	32.5~49.8
3.5 岁	<6.1	6.1~9.6	9.7~15.0	15.1~27.4	27.5~40.4
4 岁	<5.3	5.3~8.1	8.2~12.2	12.3~22.5	22.6~32.2
4.5 岁	<4.7	4.7~6.9	7.0~10.1	10.2~18.6	18.7~26.5
5 岁	<4.1	4.1~5.7	5.8~8.2	8.3~14.0	14.1~23.7
5.5 岁	<3.6	3.6~5.0	5.1~7.4	7.5~12.5	12.6~20.1
6 岁	<3.0	3.0~4.2	4.3~6.1	6.2~10.7	10.8~17.0

3. 投网球

【场地器材】使用网球和卷尺测试，在平坦地面上设置一条长 20 m、宽 6 m 的长方形，在长方形内每隔 0.5 m 画一条横线。

【测试方法】儿童身体面向投掷方向，两脚前后分开，站在投掷线后约一步距离，单手持球举过头顶，用力向前掷出。球出手后，后脚可以向前迈出一步，但不能踩或越过投掷线，有效成绩为投掷线至球着地点之间的直线距离。如果球的着地点在横线上，则记录该线所标示的数值。如果球的着地点在两条横线之间，则记录靠近投掷线的横线所标示的数值。如果球的着地点超过 20 m 长的测试场地，可用卷尺测量。如果球的着地点超出场地的宽度，则重新投掷。如图 3-2-2-3 所示。

图 3-2-2-3　投网球

【评分标准】测试 2 次，取最好成绩，记录数值以 m 为单位。男生、女生各年龄段成绩评分表见表 3-2-2-5 和表 3-2-2-6。

表 3-2-2-5 男生网球掷远(m)

年龄	5分	4分	3分	2分	1分
3岁	>5.5	5.5~4.0	3.5~3.0	2.5~2.0	1.5
3.5岁	>5.5	5.5~4.5	4.0~3.0	2.5~2.0	1.5
4岁	>6.0	6.0~5.0	4.5~4.0	3.5~3.0	2.5~2.0
4.5岁	>8.0	8.0~6.5	6.0~4.5	4.0~3.0	2.5
5岁	>9.0	9.0~7.5	7.0~5.5	5.0~4.0	3.5~3.0
5.5岁	>10.0	10.0~8.0	7.5~6.0	5.5~4.0	3.5~3.0
6岁	>12.0	12.0~9.5	9.0~7.0	6.5~4.5	4.0~3.5

表 3-2-2-6 女生网球掷远(m)

年龄	5分	4分	3分	2分	1分
3岁	>5.0	5.0~3.5	3.0~2.5	2.0~1.5	1
3.5岁	>5.0	5.0~4.0	3.5~3.0	2.5~2.0	1.5
4岁	>5.0	5.0~4.5	4.0~3.5	3.0~2.5	2
4.5岁	>5.5	5.5~4.5	4.0~3.5	3.0~2.5	2
5岁	>8.5	8.5~6.0	5.5~4.5	4.0~3.5	3.0~2.5
5.5岁	>8.5	8.5~6.5	6.0~5.0	4.5~3.5	3
6岁	>8.0	8.0~6.5	6.0~5.0	4.5~3.5	3

4. 立定跳远

【场地器材】平坦开阔地面，胶带，卷尺。

【测试方法】测试时，儿童双脚自然分开，站立在起跳线后，然后摆动双臂，双脚蹬地尽力向前跳，记录离起跳线距离近的后脚跟处所对应的长度，测试起跳时不能有垫步动作。如图 3-2-2-4 所示。

图 3-2-2-4 立定跳远

【评分标准】测试 2 次，取最好成绩，记录数值以 cm 为单位，保留整数。男生、女生各年龄段成绩评分表见表 3-2-2-7 和表 3-2-2-8。

表 3-2-2-7 男生立定跳远(cm)

年龄	5分	4分	3分	2分	1分
3岁	>76	76~59	58~43	42~30	29~21
3.5岁	>84	84~70	69~53	52~35	34~27
4岁	>95	95~80	79~65	65~47	46~35
4.5岁	>102	102~89	88~73	72~55	54~40
5岁	>110	110~96	95~80	79~65	64~50
5.5岁	>119	119~103	102~90	89~70	69~56
6岁	>127	127~111	110~95	94~79	78~61

表 3-2-2-8 女生立定跳远(cm)

年龄	5分	4分	3分	2分	1分
3岁	>71	71~55	54~40	39~29	28~21
3.5岁	>81	81~65	64~50	49~34	33~25
4岁	>89	89~74	73~60	59~44	43~32
4.5岁	>96	96~81	80~68	67~50	49~40
5岁	>102	102~89	88~75	74~60	59~50
5.5岁	>109	109~96	95~82	81~66	65~54
6岁	>116	116~101	100~87	86~71	70~60

5. 双脚连续跳

【场地器材】使用卷尺、秒表、软方块进行测试,在平坦的地面上每间隔 0.5 m 画一条横线,共画 10 条,每条横线上放置一块长 10 cm、宽 5 cm、高 5 cm 的软方块,在距离第一块软方块 20 cm 处设置起跳线。

【测试方法】测试时,儿童双脚并拢,站在起跳线后,当听到"开始"口令后,双脚同时起跳,双脚每次跳过一块软方块,连续跳过 10 个软方块。测试员从儿童起动开表计时,当儿童跳过第 10 个软方块双脚落地时,计时停止。如图 3-2-2-5 所示。

图 3-2-2-5　双脚连续跳

【评分标准】记录方法测试 2 次，取最好成绩，记录数值以 s 为单位，保留小数点后一位。男生、女生各年龄段成绩评分表见表 3-2-2-9 和表 3-2-2-10。

表 3-2-2-9　男生双脚连续跳(s)

年龄	5 分	4 分	3 分	2 分	1 分
3 岁	<6.6	6.6~9.1	9.2~13.0	13.1~19.6	19.7~25.0
3.5 岁	<6.1	6.1~8.2	8.3~11.1	11.2~16.9	17.0~21.8
4 岁	<5.6	5.6~7.0	7.1~9.1	9.2~13.1	13.2~17.0
4.5 岁	<5.3	5.3~6.4	6.5~8.1	8.2~11.2	11.3~14.5
5 岁	<5.1	5.1~5.9	6.0~7.2	7.3~9.8	9.9~12.5
5.5 岁	<4.9	4.9~5.6	5.7~6.8	6.9~9.3	9.4~11.9
6 岁	<4.4	4.4~5.1	5.2~6.1	6.2~8.2	8.3~10.4

表 3-2-2-10　女生双脚连续跳(s)

年龄	5 分	4 分	3 分	2 分	1 分
3 岁	<7.1	7.1~9.7	9.8~13.4	13.5~20.0	20.1~25.9
3.5 岁	<6.2	6.2~8.4	8.5~11.2	11.3~17.0	17.1~21.9
4 岁	<5.9	5.9~7.3	7.4~9.5	9.6~13.4	13.5~17.2
4.5 岁	<5.5	5.5~6.7	6.8~8.5	8.6~11.9	12.0~14.9
5 岁	<5.2	5.2~6.1	6.2~7.5	7.6~10.0	10.1~12.7
5.5 岁	<4.9	4.9~5.7	5.8~6.9	7.0~9.2	9.3~11.5
6 岁	<4.6	4.6~5.2	5.3~6.2	6.3~8.3	8.4~10.5

6. 10 m 折返跑

【场地器材】使用秒表进行测试，在平坦的地面上画长 10 m、宽 0.22 m 的直线跑道，每条跑道折返处设一手触物(如软跳箱)，在跑道起终点线外 3 m 处画一条目标线。

【测试方法】测试时，每组儿童至少有两人，他们以站立式起跑姿势站在起跑线前，当听到“跑”的口令后，儿童全力往返跑一趟。测试员从儿童起动时开表计时，儿童跑到折返处后，用手触摸物体，转身跑向目标线。当儿童胸部到达终点线的垂直面时，停止计时。如图 3-2-2-6 所示。

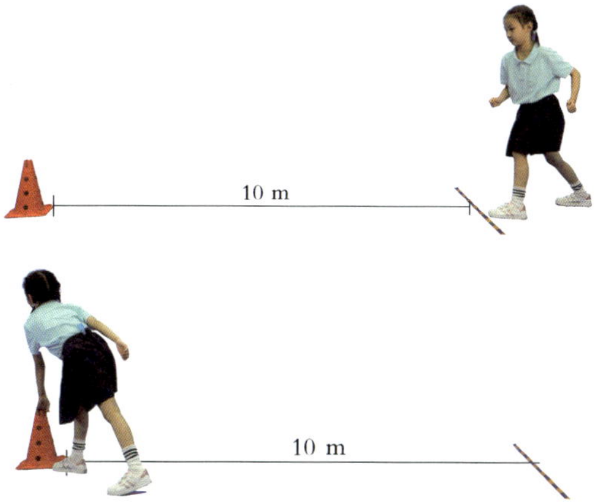

图 3-2-2-6　10 米折返跑

【评分标准】测试 2 次，取最好成绩，每次间隔 15~20 s。记录时间以 s 为单位，保留小数点后一位。男生、女生各年龄段成绩评分表见表 3-2-2-11 和表 3-2-2-12

表 3-2-2-11　男生 10 m 折返跑（s）

年龄	5 分	4 分	3 分	2 分	1 分
3 岁	<8.0	8.0~9.0	9.1~10.2	10.3~12.8	12.9~15.8
3.5 岁	<7.5	7.5~8.3	8.4~9.4	9.5~11.3	11.4~14.0
4 岁	<6.9	6.9~7.6	7.7~8.5	8.6~10.1	10.2~12.4
4.5 岁	<6.7	6.7~7.2	7.3~8.0	8.1~9.7	9.8~11.8
5 岁	<6.4	6.4~6.9	7.0~7.6	7.7~8.9	9.0~10.3
5.5 岁	<6.2	6.2~6.7	6.8~7.3	7.4~8.5	8.6~10.0
6 岁	<5.8	5.8~6.2	6.3~6.8	6.9~7.9	8.0~9.4

表 3-2-2-12　女生 10 m 折返跑（s）

年龄	5 分	4 分	3 分	2 分	1 分
3 岁	<8.2	8.2~9.3	9.4~10.5	10.6~13.4	13.5~16.8
3.5 岁	<7.7	7.7~8.6	8.7~9.7	9.8~12.0	12.1~14.9
4 岁	<7.2	7.2~8.0	8.1~9.0	9.1~10.8	10.9~13.2
4.5 岁	<7.0	7.0~7.6	7.7~8.5	8.6~10.2	10.3~12.4
5 岁	<6.7	6.7~7.2	7.3~8.0	8.1~9.6	9.7~11.2
5.5 岁	<6.4	6.4~6.9	7.0~7.6	7.7~9.0	9.1~10.5
6 岁	<6.1	6.1~6.5	6.6~7.2	7.3~8.5	8.6~10.2

运动发育量表（PDMS-2）主要适用于评估 0~6 岁儿童的运动技能，在国外康复领域和儿童早期干预中已得到广泛应用，其主要目的是评估儿童相对于同龄人的运动发育水平，提

供儿童基本运动技能发展的指导，为运动技能的评估提供定量和定性的标准，利于发现运动技能缺陷并指出针对性的个体化方案。完整的运动发育量表（PDMS-2）既包含测评又包含运动训练方案指导，整个测试所需时间约45~60分钟。大肌群发展测试（TGMD-3）主要适用于3~10岁的儿童，目前在国内具有较好的实用性。其主要目的不是为了测试儿童前期基本动作技能水平是否达标，而是让我们了解儿童的基本动作技能水平，同时告诉我们标准动作应该如何做，以便我们指导孩子进行更加科学的练习。国内幼儿体质健康测试主要适用于3~6岁儿童，是我国《国民体质测定标准（2023年修订）》（幼儿部分）的主要测试内容，在国内幼儿园体质达标测试中广泛应用。其主要目的是评估儿童躯干和下肢的柔韧性、上下肢爆发力、上下肢协调性、速度灵敏性以及平衡等运动能力，并通过各单项指标的评分标准让我们了解不同年龄段的儿童在测试后所处的水平。教师在教学中可以根据实际情况选择合适的测试方法，以便更好地服务儿童成长。

思考与实践

（1）国内体质健康测试包括哪些测试内容？

（2）大肌群发展测试与评估（TGMD-3）包括哪些测试内容？

（3）分组进行针对儿童前期国内体质健康测试评估的模拟操作测评。

（4）分组进行针对儿童前期大肌群发展测试与评估（TGMD-3）的模拟操作测评。

任务三　儿童前期基本动作技能教学指导

儿童前期基本动作技能教学要求我们熟练掌握动作技能的内容、动作技能训练方法、动作技能教学应用理论和动作技能训练周期理论。了解动作技能内容便于在教学实践中对练习动作进行分类整合。掌握训练动作的练习方法有助于指导教学实践。在训练中，我们需要设计训练内容和教学计划，对动作的难易程度和教学技巧进行把控。动作技能教学设计的理论指导能帮助我们分阶段选择训练动作，配合训练周期理论有效地指导阶段性教学大纲与教学计划的制定。

理论指导实践，实践促进理论的发展。在动作技能学习中，我们需要经历一个从“练什么”到“怎么练”，再到“为什么这样练”的学习与成长过程。熟练掌握相关理论和方法有助于训练教学效率的提高。

学习任务

（1）掌握基本动作技能锻炼方法手段，并能够对儿童进行讲解示范。

（2）依据基本动作技能发展序列，能合理制定周期锻炼计划。

学习目标

知识目标

（1）熟悉基本动作技能动作发展序列。

（2）掌握基本动作模式、基本动作技能教学应用原理。

（3）掌握基本动作技能分类和教学内容。

能力目标

（1）能实操基本动作模式、基本动作技能练习方法。

（2）能讲解展示儿童前期基本动作模式、基本动作技能教学方法与技巧。

（3）能指导学生设计并实施动作技能训练课。

素养目标

（1）培养学生严谨认真、团结协作的体育精神。

（2）培养学生健康第一、科学求实、不怕挫折的体育品质。

（3）培养学生关爱儿童、安全规范的职业素养。

子任务一 儿童基本动作模式教学指导

儿童基本动作模式教学指导
教学动作演示视频

基本动作模式是发展基本动作技能的基础，本子任务的基本动作模式教学内容主要以上肢动作模式和下肢动作模式为主，儿童前期建立和完善正确的上肢动作模式和下肢动作模式，可以为基本动作技能阶段的动作发展和学习提供更加稳固的动作基础。

一、上肢推动作模式教学

推的动作模式包括水平推和竖直推，在此基础上可进行双手推、交替推、单手推。针对儿童前期的推动作模式练习可采用徒手方式，也可使用弹力带、小哑铃、PVC 杆等器材进行练习，并结合不同的体位（如跪姿、俯卧位、仰卧位、坐姿、半蹲位、站姿）进行动作的进退阶设计。

（一）双手推

1. 婴儿式俯卧撑

【动作方法】儿童以跪姿为起始姿势，双膝、手臂距离略同肩宽。下落时主动屈肘，保持背部挺直。屈肘至最大幅度，肘部伸直回到起始姿势。如图 3-3-1-1 所示。

图 3-3-1-1　婴儿式俯卧撑

【进退阶动作】该练习动作可以结合不同高度的踏板、跳箱调整上肢支撑的高度来进行难度的进退阶。

【锻炼目的】发展儿童上肢力量，发展推的动作模式。

【建议负荷】8~12 次/组，1~3 组。

【注意事项】练习过程中保持背部挺直。

2. 仰卧位推举

【动作方法】儿童以仰卧位为起始姿势，双腿屈膝、双脚距离略同肩宽，双手持弹力带或 PVC 杆置于胸部上方，大臂贴地面和身体成 45°。上举时，胸部发力、肘部伸直将重物推至大臂与地面垂直。下落时，屈肘下放至上臂接触地面后回到起始位置。如图 3-3-1-2 所示。

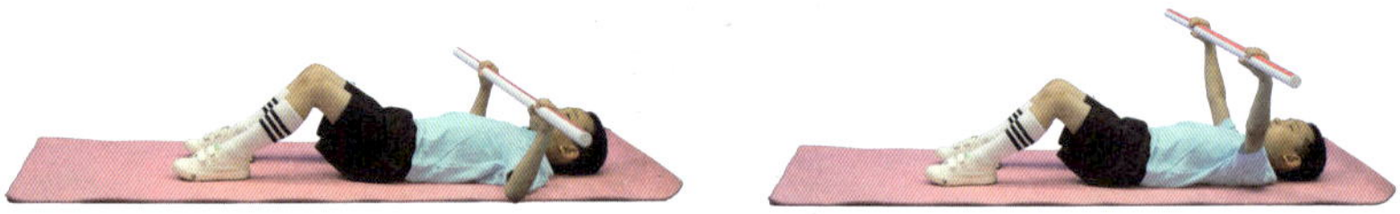

图 3-3-1-2　仰卧位推举

【进退阶动作】该练习动作可以通过调整器材的重量来进行难度的进退阶练习。

【锻炼目的】发展儿童上肢力量，发展推的动作模式。

【建议负荷】8~12 次/组，1~3 组。

【注意事项】练习过程中注意保持大臂与身体的位置。

3. 坐姿肩上推举

【动作方法】儿童以坐姿为起始姿势，双脚并拢，小腿与地面垂直，脚尖朝前，保持背部挺直。双手持 PVC 杆过头顶，同时保持背部挺直。将手臂伸直后，缓慢下放回到起始位置。如图 3-3-1-3 所示。

图 3-3-1-3　坐姿肩上推举

【进退阶动作】该练习动作可以通过调整器材的重量来进行难度的进退阶，也可以通过改变体位（站姿、半蹲位、分腿）来改变动作的难度。

【锻炼目的】发展儿童上肢力量，发展推的动作模式。

【建议负荷】8~12 次/组，1~3 组。

【注意事项】练习过程中注意保持背部挺直。

（二）交替推

1. 婴儿式交替俯卧撑

【动作方法】儿童以四点支撑为起始姿势，双膝、手臂距离略同肩宽。下落时主动屈肘，保持背部挺直，身体重心偏向右侧手臂。右侧手臂屈肘至最大幅度，肘部伸直回到起始姿势，两侧手臂交替练习。如图 3-3-1-4 所示。

图 3-3-1-4　婴儿式交替俯卧撑

【进退阶动作】该练习动作可采用跪姿俯卧撑的形式进行进阶练习，同时还可以结合不同高度的踏板、跳箱以及调整上肢支撑的高度来进行难度的进退阶。

【锻炼目的】发展儿童上肢力量，增进推的动作模式。

【建议负荷】8~12 次/侧/组，1~3 组。

【注意事项】练习过程中注意保持背部挺直。

2. 仰卧位交替推

【动作方法】儿童以仰卧位为起始姿势，双腿屈膝，双脚打开同肩宽，双手持软包球置于胸部上方，大臂贴地面与身体呈 45°。右侧手臂上举时，胸部发力、肘部伸直将软包球推至大臂与地面垂直。下落时，屈肘下放至上臂接触地面后回到起始位置，两侧手臂交替练习。如图 3-3-1-5 所示。

图 3-3-1-5　仰卧位交替推

【进退阶动作】该练习动作可通过调整器材重量来进行难度的进退阶。

【锻炼目的】发展儿童上肢力量，增进推的动作模式。

【建议负荷】8~12 次/侧/组，1~3 组。

【注意事项】练习过程中注意保持大臂与身体的位置。

3. 坐姿交替肩上推举

【动作方法】儿童以坐姿为起始姿势，双脚打开同肩宽，小腿与地面垂直，脚尖朝前，保持背部挺直。双手持网球，右侧手臂将网球举过头顶，同时保持背部挺直。将手臂伸直后，缓慢下放回到起始位置，两侧手臂交替练习。如图 3-3-1-6 所示。

图 3-3-1-6　坐姿交替肩上推举

【进退阶动作】该练习动作可以通过调整器材的重量来进行难度的进退阶，也可以通过改变体位（站姿、半蹲位、分腿）来改变动作的难度。

【锻炼目的】发展儿童上肢力量，增进推的动作模式。

【建议负荷】8~12 次/侧/组，1~3 组。

【注意事项】练习过程中注意保持背部挺直。

二、上肢拉动作模式

拉的动作模式可分为水平拉和垂直拉，进一步可以进行双手拉、交替拉和单手拉。针对儿童前期的拉动作模式，可采用徒手方式练习，也可使用弹力带、小哑铃、PVC 杆等器材进行练习，并结合不同的体位（如跪姿、俯卧位、仰卧位、坐姿、半蹲位、站姿）进行动作的进退阶设计。

（一）双手拉

1. 坐姿下拉

【动作方法】儿童以坐姿为起始姿势，双脚距离略宽于肩宽，小腿与地面垂直，脚尖朝前，保持背部挺直。双手握紧弹力带两端，将双臂伸直放在身前。背部发力，屈肘将弹力带下拉。下拉至最大幅度后，缓慢回到起始位置。如图 3-3-1-7 所示。

图 3-3-1-7　坐姿下拉

【进退阶动作】该练习动作可以通过改变体位（坐姿、站姿、分腿、跪姿）来调整动作的难度，也可以通过使用不同弹力带的磅数来增减负荷。

【锻炼目的】发展儿童上肢力量，发展拉的动作模式。

【建议负荷】8~12 次/组，1~3 组。

【注意事项】练习过程中要注意保持背部挺直。

2. 仰卧位下拉

【动作方法】儿童以仰卧位为起始姿势，双手持弹力带置于身体两侧。背部发力，主动屈肘将弹力带下拉至大臂接触地面。然后慢慢伸直手臂，回到起始位置。如图 3-3-1-8 所示。

图 3-3-1-8　仰卧位下拉

【进退阶动作】该练习动作可以通过调整弹力带的磅数来增减负荷。

【锻炼目的】发展儿童上肢力量，发展拉的动作模式。

【建议负荷】8~12 次/组，1~3 组。

【注意事项】练习过程中要注意保持背部挺直。

3. 坐姿水平拉

【动作方法】儿童以坐姿为起始姿势，双脚距离略宽于肩宽，小腿与地面垂直，脚尖朝前，保持背部挺直。双手握紧弹力带两端，将双臂伸直放在身前。背部发力，屈肘弯曲将弹力带两端向身体侧面靠近。水平拉至最大幅度后，缓慢回到起始位置。如图 3-3-1-9 所示。

图 3-3-1-9　坐姿水平拉

【进退阶动作】该练习动作可以通过改变体位（坐姿、站姿、分腿、跪姿）来调整动作的难度，也可以通过使用不同弹力带的磅数来增减负荷。

【锻炼目的】发展儿童上肢力量，发展拉的动作模式。

【建议负荷】8~12 次/组，1~3 组。

【注意事项】练习过程中要注意保持背部挺直。

（二）交替拉

1. 坐姿交替下拉

【动作方法】儿童以坐姿为起始姿势，双脚距离略宽于肩宽，小腿与地面垂直，脚尖朝前，保持背部挺直。双手握紧弹力带两端，右侧手臂屈肘下拉，同时保持右侧背部发力。右侧手臂下拉至最大幅度后，缓慢回到起始位置，然后交替进行左侧手臂的下拉。如图 3-3-1-10 所示。

图 3-3-1-10　坐姿交替下拉

【进退阶动作】该练习动作可以通过改变体位（坐姿、站姿、分腿、跪姿）来调整动作的难度，也可以通过使用不同弹力带的磅数来增减负荷。

【锻炼目的】发展儿童上肢力量，发展拉的动作模式。

【建议负荷】8~12 次/侧/组，1~3 组。

【注意事项】练习过程中要注意保持背部挺直。

2. 坐姿交替水平拉

【动作方法】儿童以坐姿为起始姿势，双脚距离略宽于肩宽，小腿与地面垂直，脚尖朝前，保持背部挺直。双手握紧弹力带两端，将右侧手臂屈肘水平拉，同时保持右侧背部发力。水平拉至最大幅度后，缓慢回到起始位置，然后交替进行左侧手臂的水平拉。如图 3-3-1-11 所示。

图 3-3-1-11　坐姿交替水平拉

【进退阶动作】该练习动作可以通过改变体位(坐姿、站姿、分腿、跪姿)来调整动作的难度,也可以通过使用不同弹力带的磅数来增减负荷。

【锻炼目的】发展儿童上肢力量,发展拉的动作模式。

【建议负荷】8~12 次/侧/组,1~3 组。

【注意事项】练习过程中要注意保持背部挺直。

二、下肢蹲动作模式教学

蹲的动作模式主要分为双腿蹲、交替蹲和单腿蹲。针对儿童前期蹲的动作模式练习,主要采用徒手、跳箱、实心球、弹力带等器材进行练习,并结合不同重量、动作难度进行进退阶设计。

(一)双腿蹲

1. 辅助蹲

【动作方法】儿童坐在板凳上,双脚打开略宽于肩宽,脚尖朝前,膝关节方向与脚尖一致。双手交叉放于肩部,保持背部挺直,上身微前倾。蹲起时,伸膝伸髋,身体逐渐完成直立。下蹲时,屈髋屈膝蹲至臀部接触板凳。如图 3-3-1-12 所示。

图 3-3-1-12　辅助蹲

【进退阶动作】该练习动作可以通过改变跳箱或踏板的高度来增加或降低动作的难度,也可以通过增加不同重量的小哑铃或实心球来改变动作的难度。

【锻炼目的】发展儿童下肢力量,发展蹲的动作模式。

【建议负荷】8~12 次/组,1~3 组。

【注意事项】练习过程中要注意保持背部挺直,膝关节方向与脚尖方向一致。

2. 徒手蹲

【动作方法】以站姿为起始姿势,双脚距离略宽于肩宽。双手交叉放于肩部。下蹲时,屈髋屈膝,保持背部挺直,蹲至大腿与地面平行后保持 1~2 s。伸膝伸髋,还原直立时,保持背部挺直。如图 3-3-1-13 所示。

图 3-3-1-13　徒手蹲

【进退阶动作】该练习动作可通过控制下蹲的速度或在蹲至大腿与地面平行时增加静态保持的时间来增加动作难度。

【锻炼目的】发展儿童下肢力量，发展蹲的动作模式。

【建议负荷】8~12 次/组，1~3 组。

【注意事项】练习过程中要注意保持背部挺直，膝关节方向与脚尖方向一致。

3. 负重深蹲

【动作方法】以站姿为起始姿势，双脚距离略宽于肩宽。双手持小实心球（0.45 kg 或 0.9 kg）。下蹲时，屈髋屈膝，保持背部挺直，蹲至大腿与地面平行后保持 1~2 s。伸膝伸髋，还原直立时，保持背部挺直。如图 3-3-1-14 所示。

图 3-3-1-14　负重深蹲

【进退阶动作】该练习动作可以通过增加不同重量的小哑铃或实心球来改变动作的难度，也可以将弹力带置于膝关节下方增加动作难度。

【锻炼目的】发展儿童下肢力量，发展蹲的动作模式。

【建议负荷】8~12 次/组，1~3 组。

【注意事项】练习过程中要注意保持背部挺直，膝关节方向与脚尖方向一致。

（二）交替蹲

1. 交替登跳箱

【动作方法】儿童站在跳箱或踏板后方，双手置于腰部。双脚交替进行登台阶练习，练习过程中注意控制动作速度。如图 3-3-1-15 所示。

图 3-3-1-15 交替登跳箱

【进退阶动作】该练习动作可以通过改变跳箱或踏板的高度来增加动作难度。

【锻炼目的】发展儿童下肢力量,发展蹲的动作模式。

【建议负荷】8~12 次/侧/组,1~3 组。

【注意事项】练习过程中要注意保持背部挺直,膝关节方向与脚尖方向一致。

2. 交替弓步走

【动作方法】儿童以站姿为起始姿势。右腿自然抬起向前迈步,右脚落地后保持膝关节方向与脚尖方向一致,小腿与地面垂直,膝关节成 90°,大腿与地面平行,同时保持背部挺直、左腿伸直。保持 1~2 s 后,右腿伸膝伸髋,左腿抬起与右腿并拢回到起始姿势。完成起始姿势后,左腿重复右腿的动作,两侧腿交替进行。如图 3-3-1-16 所示。

图 3-3-1-16 交替弓步走

【进退阶动作】该练习动作可通过控制单腿下蹲的速度或在蹲至大腿与地面平行时增加静态保持的时间来增加动作难度。

【锻炼目的】发展儿童下肢力量,发展蹲的动作模式。

【建议负荷】8~12 次/侧/组,1~3 组。

【注意事项】练习过程中要注意保持背部挺直,膝关节方向与脚尖方向一致。

(三)单腿蹲

1. 辅助蹲

【动作方法】儿童双手叉腰坐在跳箱上,一只脚抬起。蹲起时,支撑腿伸髋伸膝,同时保持另一只脚悬空,背部挺直,两侧腿交替练习。如图 3-3-1-17 所示。

图 3-3-1-17　辅助蹲

【进退阶动作】该练习动作可以通过增加负重来改变动作难度。

【锻炼目的】发展儿童下肢力量,发展蹲的动作模式。

【建议负荷】8~12 次/侧/组,1~3 组。

【注意事项】练习过程中要注意保持背部挺直,膝关节方向与脚尖方向一致。

2. 前弓步蹲

【动作方法】儿童向前迈出一大步成半蹲姿势,半蹲时前腿屈膝约 90°,后腿后移屈膝约 90°,后腿膝盖与地面约 10 cm,重复此动作练习。如图 3-3-1-18 所示。

图 3-3-1-18　前弓步蹲

【进退阶动作】该练习动作可以通过增加负重来改变动作难度。

【锻炼目的】发展儿童下肢力量,发展蹲的动作模式。

【建议负荷】左右各 6 次/组,3 组。

【注意事项】膝盖不内扣,双脚不过度外八,膝盖不过度超过脚尖。

三、基本动作模式教学应用与周期安排

(一)基本动作模式教学应用

上肢与下肢基本动作模式教学主要以上下肢的力量练习为主。针对儿童前期的力量练习,要以引导为主,同时结合不同年龄段的身体、心理发育特点进行动作选择。年龄较小的儿童进行上下肢动作模式练习,动作选择要简单,动作设计要趣味性强,能够融入不同情景游戏中,动作讲解要简洁明了,动作教学要以练习为主。在前期的动作练习中,不要过度强调动作技术,随着练习的深入,逐渐增加动作的难度和复杂程度。

1. 上肢动作模式教学应用

上肢基本动作模式主要以上肢推和上肢拉为主。教学时需要遵循循序渐进的原则。对于刚参加训练的儿童,一定要选择简单易完成的练习动作。例如,在进行上肢推的动作模式教学时,可以分为四个阶段进行练习。第一阶段使用 PVC 杆或网球,进行仰卧位推举练习。

第二阶段儿童熟练掌握动作后，教练可以给 PVC 杆施加外力增加重量。第三阶段使用跳箱进行上肢抬高俯卧撑练习。随着上肢力量的提高，可以适当降低跳箱的高度。第四阶段进行跪姿俯卧撑练习。在整个练习过程中，逐渐引导儿童掌握正确的技术来完成动作。当儿童可以很轻松地完成一个动作时，可以通过改变体位、器材重量、增加组数或次数，以及采用新的练习动作来进行动作的进阶。

2. 下肢动作模式教学应用

下肢动作模式教学以下肢蹲为主。第一阶段的下肢蹲动作模式可以让儿童坐在跳箱上进行辅助深蹲练习。第二阶段可以让儿童手持水杯或书包进行负重辅助深蹲练习。第三阶段可以采用徒手深蹲练习。第四阶段可以采用双腿交替负重登台阶练习。当儿童可以轻松完成一个动作时，可以通过改变器材重量、增加组数或次数，或采用新的练习动作来进行动作的进阶。

（二）上肢与下肢基本动作模式教学案例

上肢与下肢基本动作模式教学案例如表 3-3-1-1 所示。

表 3-3-1-1　上肢与下肢动作模式教学方案

年龄组：儿童前期	训练阶段：Level-1
教学情景	
以游戏形使儿童初步掌握下肢蹲、上肢推等基本动作模式，同时发展儿童下肢与上肢力量的能力。	
热身（10 min）	
教学内容	建议负荷
1. 基础慢跑（3 min）：慢跑 2. 热身操（5 min）：四字支撑、金鸡独立、超人不会飞、推雪球、毛毛虫 3. 神经激活（2 min）：原地小步跳反应训练	300~400 m 每个动作 5~8 次 2~3 次 / 组
训练（30 min）	
教学内容	建议负荷
1. 小萝卜蹲（13 min）：双腿蹲练习采用小萝卜蹲游戏，教练喊“小萝卜蹲、小萝卜蹲，小萝卜蹲完，小朋友蹲”，儿童听到“小朋友蹲”后迅速进行 3~5 次深蹲，同时喊：“小朋友蹲、小朋友蹲、小朋友蹲完，教练蹲”，教练听到口令后进行 3~5 次深蹲，教练与儿童进行互动 2. 休息补水（2 min） 3. 大力士游戏（13 min）：坐姿肩上推举，上肢采用婴儿式俯卧撑进行练习，儿童以婴儿爬行的姿势为开始动作，教练喊“1”时，儿童双臂屈肘将胸口贴于瑜伽垫上，教练喊“2”时，儿童手臂伸直，将胸口推离体操点，“1”“2”口令交替进行 4. 休息补水（2 min）	2~3 组/8~12 次 2~3 组/6~8 次
团队教学游戏（5 min）	
教学内容	建议负荷
动物搬运工：儿童以婴儿爬的姿势为开始动作，背部放一个标志盘。教练发出“向前”口令后，儿童向前爬行并保持标志盘不掉落，教练发出“向后”口令后，儿童向后爬行并保持标志盘不掉落。	2 组/1~2 min
恢复再生（5 min）	
教学内容	建议负荷

续表

自主牵拉放松：动作包括小海豹（腹直肌）、小蝴蝶（内收肌）、滚雪球（小腿后群）、超人侧躺（大腿前侧）、大鹏展翅（胸部）等	15 s/每个部位
教学反思与总结	
1. 2. 3.	

（三）上肢与下肢基本动作模式教学周期安排

上肢与下肢基本动作模式教学周期安排如表 3-3-1-2 所示。

表 3-3-1-2　上肢与下肢基本动作模式教学周期安排

	周期安排	锻炼目的	锻炼方法	负荷建议
上肢与下肢动作模式	第一阶段	1. 发展上肢与下肢动作模式 2. 发展上肢与下肢力量	婴儿式俯卧撑 仰卧位推举 坐姿下拉 仰卧位下拉 辅助蹲 徒手蹲	每次选择 2~4 个力量练习动作，练习 1~3 组，每组 8-15 次，持续 2-4 周
上肢与下肢动作模式	第二阶段		坐姿肩上推举 坐姿水平推 坐姿水平拉 负重蹲	每次选择 2~4 个力量练习动作，练习 2~3 组，每组 12~15 次，持续 2~4 周
	第三阶段		婴儿式交替俯卧撑 坐姿交替下拉 交替蹬跳箱 交替弓步走	每次选择 4~6 个力量练习动作。练习 2~3 组，每组 8~12 次，持续 2~4 周
	第四阶段		仰卧位交替推举 坐姿交替肩上推举 坐姿水平交替拉 辅助蹲	每次选择 4~6 个力量练习动作，练习 2~3 组，每组 8~12 次，持续 2~4 周

子任务二　儿童前期精细动作技能发展相关知识认知

随着年龄的增长，儿童前期的精细动作会不断得到完善和提升。本子任务仅对精细动作技能内容的发展进行介绍，并不作为训练内容安排入训练中。

一、伸够与抓握动作的发展

1. 伸够

婴儿期伸够动作的发展可分为三个阶段，前伸够阶段、成功伸够阶段和熟练伸够阶段。在婴儿阶段，婴儿可以很好地完成视野中的伸手动作。随着年龄的增长，到儿童前期伸够动作会更加熟练和精准。

2. 抓握

胎儿阶段已经出现抓握反射，婴儿阶段抓握的动作开始出现随意的、具有适应性的行为。在此基础上，儿童会逐渐发展各种各样生活中需要的精细动作。

二、使用工具动作的发展

1. 使用工具动作的发展——勺子

在最初的喂食过程中，婴儿对勺子的反应是被动的，需要成人将食物喂给婴儿。出生大约 9 个月左右，婴儿开始在喂食的过程中试图触碰勺子。1 岁左右开始，婴儿开始以多种方式玩耍勺子。12~15 个月时，婴儿开始使用勺子自己吃饭，尽管可能还需要成人的辅助。随着年龄的增长，到儿童前期逐渐学会熟练使用勺子。

2. 使用工具动作的发展——筷子

儿童前期独立使用筷子完成一次进餐的平均年龄是 4~6 岁，同时随着年龄的增长，使用筷子的动作方式也会逐渐转向更加高效的方式。

3. 使用工具动作的发展——握持书写工具

婴儿最初握笔的方式是四指和拇指将铅笔完全握住的全手掌抓握方式。随着年龄的增长，在书写和绘画的过程中，拇指和其他四指的功能逐渐区分开。而熟练的动笔姿势通常在 4~6 岁期间出现。

三、绘画动作的发展

儿童前期在 15 个月左右开始尝试以涂鸦的形式来绘画。两岁时，在适当的指导下，他们可以画出曲线、垂直线和水平线。随着年龄的增长，绘画动作变得越加精细，他们可以画出更加准确和复杂的图形。

四、书写动作的发展

儿童前期的书写能力在 2~6 岁间开始发展。4 岁时，他们可以写出一些可以辨认的字母，大部分 5 岁的儿童可以写自己的名字。6 岁时，他们基本可以写出字母表和数字。

五、双手的协调发展

婴儿在 3 个月左右开始表现出双侧的手臂动作，5~6 个月时双手伸够动作开始减少。2 岁后，不对称的双手协调能力逐渐加强，随着年龄的增长，非对称双手动作逐渐增多，优势手和非优势手的差异也更加明显。

子任务三　儿童前期粗大动作技能教学指导

儿童前期粗大动作技能教学指导
教学动作演示视频

在日常粗大动作技能教学中，移动动作技能、操控动作技能以及控制动作技能构成了我们教学的核心内容。在本部分，我们将分享关于移动动作技能、操控动作技能以及控制动作技能的理论与实践教学，旨在为练习者选择更为合适的练习动作，以优化粗大动作技能的教学效果。

一、移动动作技能教学指导

儿童前期移动动作技能主要包括跳跃类动作技能和跑动类动作技能，本部分内容主要介绍移动动作技能发展序列、跳跃类动作技能教学指导、跑动类动作技能教学指导和移动类动作技能教学应用与周期安排四方面内容。

（一）移动动作技能发展序列

儿童前期移动动作技能的发展和学习遵循一定的规律，是一个逐步完善和熟练的过程，按照一定的发展序列进行。为了更好地指导我们的教学实践，我们需要深入了解和掌握移动动作技能的发展序列。本部分以跑、连续前滑步、连续垫跳步、双脚跳、单脚跳为例，详细介绍移动动作技能的发展序列。具体内容如表 3-3-3-1 所示。

表 3-3-3-1　移动动作技能发展序列

移动技能	第一阶段	第二阶段	第三阶段	第四阶段
跑	高位保护跑 手臂—高位保护 脚扁平着地 小步子 两脚与肩同宽	中位保护跑 手臂—中立位保护 身体直立 腿接近完全伸展	手臂伸展 手臂—低保护 手臂反向摆动 肘关节近完全伸展 脚跟—脚趾着地	手臂有力摆动 脚跟—脚趾着地 手臂与腿反向摆动 脚后跟大幅度动作 肘关节弯曲
连续前滑跳步	断续跑 有节奏的不平衡跑 腾空阶段，后腿超过前腿并着地	后腿僵硬 速度缓慢，断续节奏 臀部常侧倾 垂直方向的动作夸张	有节奏的连续前滑跳步 流畅富有节奏地连续前滑跳步 适中的速度 脚距离地面近 髋部向前移动	

续表

移动技能	第一阶段	第二阶段	第三阶段	第四阶段
连续垫跳步	不连贯的连续垫跳步 不连贯或缺乏节奏 缓慢而勉强的动作 缺效的手臂动作	手臂和腿抬高 有节奏的连续垫跳步 手臂高抬帮助身体上升 过度垂直提升动作	有节奏的连续垫跳步 臂部动作减少或双手低于肩部 轻松有节奏的动作 单脚跳时支撑脚接近地面	
单脚跳	摆动脚在体前 非支撑腿的大腿置于身体前面与地面成水平 身体垂直 手臂处于肩部位置	摆动腿在支撑腿的侧面 非支撑腿的膝关节弯曲使摆动腿后于支撑腿 身体稍微前倾 两侧手臂的动作	摆动腿后于支撑腿 非支撑腿直摆且在支撑腿的后面，保持膝盖弯曲 身体有较大的前倾 两侧手臂的动作	摆动腿自由协调摆动 非支撑腿摆动 身体前倾 手臂与摆动腿反向摆动
立定跳远	手臂制动 过分垂直向上跳的动作 腿没有伸展	手臂摆动 垂直向上跳的动作依然很大 腿部近完全伸展	手臂向头摆动 起跳时手臂向前移动、肘位于躯干的前面 手臂摆动至头 起跳角度依然大于45度 腿部完全伸展	身体完全伸展 起跳时手臂和腿部完全伸展 起跳角度接近45度 落地时大腿与地面平行

备注：上表出自《幼儿功能性动作教学理论与实践》

（二）跳跃类动作技能教学指导

跳跃类动作技能可以根据双脚动作的形式分为双脚并拢跳、双脚跳、跨跳、交替跳和单脚跳，结合跳跃的方向可以分为原地跳、向前跳、左右跳和旋转跳，结合跳的方式可分为单次跳、连续跳。在训练中，我们可以结合跳跃的不同形式进行动作的进退阶。儿童前期可进行的练习动作有以下内容。

1. 原地纵跳

【动作方法】儿童双脚并拢，双手叉腰，进行原地双脚跳。如图 3-3-3-1 所示。

图 3-3-3-1 原地纵跳

【进退阶动作】该练习动作可以结合儿童的年龄和运动能力采用单次跳、连续跳以及增加摆臂动作来进行动作的进退阶。

【锻炼目标】发展下肢快速力量，发展下肢移动技能。

【建议负荷】练习 2~3 组，每组 12~15 次。

【注意事项】落地时注意屈髋屈膝，缓冲落地。

2. 双脚并拢向前跳

【动作方法】儿童双手叉腰，双脚并拢向前跳。如图 3-3-3-2 所示。

图 3-3-3-2　双脚并拢向前跳

【进退阶动作】该练习动作可以结合儿童的年龄和运动能力采用单次跳、连续跳以及增加摆臂动作来进行动作的进退阶。

【锻炼目标】发展下肢快速力量，发展下肢移动技能。

【建议负荷】练习 2~3 组，每组 12~15 次。

【注意事项】落地时注意屈髋屈膝，缓冲落地。

3. 双脚并拢跳障碍

【动作方法】儿童双手叉腰，双脚并拢，进行双脚跳跃障碍练习。如图 3-3-3-3 所示。

图 3-3-3-3　双脚并拢跳障碍

【进退阶动作】该练习动作可以结合儿童的年龄和运动能力采用单次跳、连续跳以及增加摆臂动作来进行动作的进退阶，也可以通过改变器材的高度来进行进退阶练习。

【锻炼目标】发展下肢快速力量，发展下肢移动技能。

【建议负荷】练习 2~3 组，每组 12~15 次。

【注意事项】落地时注意屈髋屈膝，缓冲落地。

4. 双脚并拢侧向跳

【动作方法】儿童双脚并拢，进行双脚侧向跳练习。如图 3-3-3-4 所示。

图 3-3-3-4　双脚并拢侧向跳

【进退阶动作】该练习动作可以结合儿童的年龄和运动能力采用单次跳、连续跳以及增加摆臂动作来进行动作的进退阶，也可以通过改变器材的高度来进行进退阶练习。

【锻炼目标】发展下肢快速力量，发展下肢移动技能。

【建议负荷】练习 2~3 组，每组 12~15 次。

【注意事项】落地时注意屈髋屈膝，缓冲落地。

5. 双脚原地半蹲跳

【动作方法】儿童以半蹲位为起始姿势，两脚距离略与肩宽，脚尖朝前，膝关节方向与脚尖方向一致，手臂伸直置于身体两侧，起跳时手臂迅速上摆，同时伸膝伸髋向上跳，落地后迅速屈膝屈髋，手臂快速后摆回到起始位置。如图 3-3-3-5 所示。

图 3-3-3-5　双脚原地半蹲跳

【进退阶动作】该练习动作可以采用原地落地缓冲练习、行进间落地缓冲练习、慢跑落地缓冲练习、随机口令缓冲练习等方式来进行动作的进退阶。

【锻炼目标】强化儿童的落地缓冲技术，发展下肢快速力量，发展下肢移动技能。

【建议负荷】练习 2~3 组，每组 12~15 次。

【注意事项】落地时注意屈髋屈膝，缓冲落地。

6. 双脚向上跳落地缓冲

【动作方法】儿童以半蹲位为起始姿势，两脚距离略与肩宽，脚尖朝前，膝关节方向与脚尖方向一致，手臂伸直置于身体两侧。起跳时快速摆臂、伸髋伸膝，待身体充分伸展腾空后快速屈髋屈膝、手臂迅速后摆制动，双脚由前脚掌过渡到全脚掌落在跳箱上面。如图 3-3-3-6 所示。

图 3-3-3-6　双脚向上跳落地缓冲

【进退阶动作】该练习可以通过改变跳箱或踏板的高度来进行动作的进退阶。

【锻炼目标】强化儿童的落地缓冲技术，发展下肢快速力量，发展下肢移动技能。

【建议负荷】练习 2~3 组，每组 12~15 次。

【注意事项】落地时注意屈髋屈膝，缓冲落地。

7. 双脚跳下落地缓冲

【动作方法】儿童以半蹲位为起始姿势，两脚距离略与肩宽，脚尖朝前，膝关节方向与脚尖方向一致，手臂伸直置于身体两侧。落地瞬间快速屈髋屈膝、手臂迅速后摆，双脚由前脚掌过渡到全脚掌落在地面上。如图 3-3-3-7 所示。

图 3-3-3-7　双脚跳下落地缓冲

【进退阶动作】该练习可以通过改变跳箱或踏板的高度来进行动作的进退阶。

【锻炼目标】强化儿童的落地缓冲技术，发展下肢快速力量，发展下肢移动技能。

【建议负荷】练习 2~3 组，每组 12~15 次。

【注意事项】落地时注意屈髋屈膝，缓冲落地。

8. 双脚向前跳

【动作方法】儿童以半蹲位为起始姿势，两脚距离略与肩宽，脚尖朝前，膝关节方向与脚尖方向一致，手臂伸直置于身体两侧。起跳时手臂迅速上摆，同时伸膝伸髋向前跳。落地后迅速屈膝屈髋，手臂快速后摆回到起始动作。如图 3-3-3-8 所示。

图 3-3-3-8 双脚向前跳

【进退阶动作】该练习动作可以通过使用标志盘、不同高度的小栏架来进行动作的进退阶。

【锻炼目标】发展下肢快速力量和下肢移动技能。

【建议负荷】练习 2~3 组，每组 12~15 次。

【注意事项】落地时注意屈髋屈膝，缓冲落地。

9. 双脚侧向跳

【动作方法】儿童从半蹲位开始，两脚略宽于肩宽，脚尖朝前，膝关节与脚尖方向一致，手臂伸直放在身体两侧。起跳时，手臂迅速向上摆动，同时膝盖和髋部伸展，跳向一侧。着地后迅速屈膝和髋部，手臂迅速摆回起始位置。如图 3-3-3-9 所示。

图 3-3-3-9　双脚侧向跳

【进退阶动作】该练习动作可以使用标志盘或不同高度的小栏架来增加难度。

【锻炼目标】发展下肢快速力量和下肢移动技能。

【建议负荷】练习 2~3 组，每组 12~15 次。

【注意事项】着地时要注意屈髋和屈膝，以缓冲着地冲击。

10. 助跑跨跳

【动作方法】儿童通过助跑，单脚快速跨越标志盘或小栏架，两侧交替进行。如图 3-3-3-10 所示。

图 3-3-3-10　助跑跨跳

【进退阶动作】该练习动作可以通过改变标志盘的数量或小栏架的高度进行动作的进退阶。

【锻炼目标】发展下肢快速力量和下肢移动技能。

【建议负荷】练习 2~3 组，每组 12~15 次。

【注意事项】结合儿童的运动能力选择不同高度的训练器材。

11. 连续跨跳

【动作方法】儿童通过助跑，单脚快速连续跨越标志盘或小栏架。如图 3-3-3-11 所示。

图 3-3-3-11　连续跨跳

【进退阶动作】该练习动作可以通过改变标志盘的数量或小栏架的高度进行动作的进退阶。

【锻炼目标】发展下肢快速力量和下肢移动技能。

【建议负荷】练习 2~3 组，每组 12~15 次。

【注意事项】结合儿童的运动能力选择不同高度的训练器材。

12. 交替跨跳

【动作方法】儿童通过助跑，单脚交替快速跨越标志盘或小栏架，两侧快速交替进行。如图 3-3-3-12 所示。

图 3-3-3-12　交替跨跳

【进退阶动作】该练习动作可以通过改变标志盘的数量或小栏架的高度进行动作的进退阶。

【锻炼目标】发展下肢快速力量和下肢移动技能。

【建议负荷】练习 2~3 组，每组 12~15 次。

【注意事项】结合儿童的运动能力选择不同高度的训练器材。

13. 单脚跳

【动作方法】儿童双手叉腰，左侧腿抬起，右侧腿支撑准备。起跳时，右侧腿快速伸髋伸膝向上跳。落地同时快速屈膝屈髋，由前脚掌过渡到全脚掌落在地面上，左右脚交替进行练习，单脚跳动作对于儿童具有一定难度，在该阶段主要以低强度的练习为主。如图 3-3-3-13 所示。

图 3-3-3-13　单脚跳

【进退阶动作】该练习动作可以通过增加摆臂幅度、改变标志盘的数量或小栏架的高度进行动作的进退阶。

【锻炼目标】发展下肢快速力量,发展下肢移动技能。

【建议负荷】练习 2~3 组,每组 12~15 次。

【注意事项】落地时注意屈髋屈膝,缓冲落地。

14. 单脚连续跳

【动作方法】儿童双手叉腰,单脚连续跳过标志盘或灵敏圈,左右脚交替进行练习,单脚跳动作对于儿童具有一定难度,在该阶段主要以低强度的练习为主。如图 3-3-3-14 所示。

图 3-3-3-14　单脚连续跳

【进退阶动作】该练习动作可以通过增加摆臂幅度、改变标志盘的数量或小栏架的高度进行动作的进退阶。

【锻炼目标】发展下肢快速力量,发展下肢移动技能。

【建议负荷】练习 2~3 组,每组 12~15 次。

【注意事项】结合儿童的运动能力选择不同高度的训练器材。

(三)跑动类动作技能教学指导

跑动类动作技能可分为直线速度、移动步法和多方向速度。直线速度主要包括跑步技术(启动、加速跑)与辅助技术(高抬腿、军步走、摆臂、垫步)。移动步法主要进行滑步、侧滑步与绳梯的练习,多方向速度主要进行多方向跑的练习,儿童前期进行的跑动类练习动作有以下内容。

1. 站姿起跑 1

【动作方法】儿童以前后分腿站姿为起跑姿势,左脚在前,右脚在后,右侧手臂屈肘在前,左侧手臂屈肘在后。儿童听到起跑口令后,快速冲过起跑线向前跑 5~10 m。如图 3-3-3-15 所示。

图 3-3-3-15　站姿起跑 1

【进退阶动作】该练习动作可以结合不同形式的器材来提高儿童的训练积极性，例如儿童听到口令后快速向前跑去接教练抛出的网球或气球。

【锻炼目标】发展速度能力，发展下肢移动技能。

【建议负荷】练习 4~6 次，每次 5~10 m。

【注意事项】起跑准备姿势前后脚不能在一条直线。

2. 站姿起跑 2

【动作方法】儿童以前后分腿站姿为起跑姿势，左侧腿屈膝在前，右侧腿屈膝在后，上身微前倾，右侧手臂屈肘在前，左侧手臂屈肘在后。儿童听到起跑口令后，快速冲过起跑线向前跑 5~10 m。如图 3-3-3-16 所示。

图 3-3-3-16　站姿起跑 2

【进退阶动作】该练习动作可以结合不同形式的器材来提高儿童的训练积极性，例如儿童听到口令后快速向前跑去接教练抛出的网球或气球。

【锻炼目标】发展速度能力，发展下肢移动技能。

【建议负荷】练习 4~6 次，每次 5~10 m。

【注意事项】起跑姿势注意屈髋屈膝，前后脚不能在一条直线。

3. 站姿启动练习

【动作方法】儿童以站姿起跑为起始姿势，听到起跑口令后，快速向前跑 3~5 米后逐渐减速。如图 3-3-3-17 所示。

图 3-3-3-17　站姿启动练习

【进退阶动作】该练习动作可以使用标志盘、灵敏圈、小栏架等器材进行辅助练习，也可以采用接纸片或气球的形式进行练习。

【锻炼目标】发展速度能力，发展下肢移动技能。

【建议负荷】练习 4~6 次，每次 3~5 m。

【注意事项】注意手臂前后摆动。

4. 坐姿启动练习

【动作方法】儿童以坐姿为起始姿势，听到起跑口令后，快速起立向前跑 3~5 m 后逐渐减速。如图 3-3-3-18 所示。

图 3-3-3-18　坐姿启动练习

【进退阶动作】该练习动作可以使用标志盘、灵敏圈、小栏架等器材进行辅助练习，也可以采用接纸片或气球的形式进行练习。

【锻炼目标】发展速度能力，发展下肢移动技能。

【建议负荷】练习 4~6 次，每次 3~5 m。

【注意事项】注意手臂前后摆动。

5. 俯卧位启动练习

【动作方法】儿童以俯卧位为起始姿势，听到起跑口令后，快速起立向前跑 3~5 米后逐渐减速。如图 3-3-3-19 所示。

图 3-3-3-19　俯卧位启动练习

【进退阶动作】该练习动作可以使用标志盘、灵敏圈、小栏架等器材进行辅助练习，也可以采用接纸片或气球的形式进行练习。

【锻炼目标】发展速度能力，发展下肢移动技能。

【建议负荷】练习 4~6 次，每次 3~5 米。

【注意事项】注意手臂前后摆动。

6. 加速跑练习

【动作方法】儿童以站姿起跑为起始姿势，听到起跑口令后，快速向前跑 15~25 m 后逐渐减速。如图 3-3-3-20 所示。

图 3-3-3-20 加速跑练习

【进退阶动作】该练习动作可以通过使用标志盘、灵敏圈、小栏架进行辅助练习，也可以根据儿童的运动能力使用追逐跑、阻力绳或降落伞来增加动作难度。

【锻炼目标】发展速度能力，发展下肢移动技能。

【建议负荷】练习 4~6 次，每次 15~25 m。

【注意事项】注意手臂前后摆动，两腿积极主动交替折叠蹬摆。

7. 摆臂练习

【动作方法】儿童以前后分腿站姿为起始姿势，背部保持挺直，两臂屈肘 90° 置于身体两侧。利用大臂带动小臂进行前后交替摆动。如图 3-3-3-21 所示。

图 3-3-3-21 摆臂练习

【进退阶动作】该练习动作可以通过改变体位（站姿、坐姿、分腿）来改变动作难度，也可以通过直臂摆臂、单侧摆臂、单次摆臂、多次摆臂、节奏性摆臂、增加负重摆臂来强化儿童的摆臂技术。

【锻炼目标】发展速度能力，发展下肢移动技能。

【建议负荷】练习 4~6 次，每次 15~30 s。

【注意事项】注意摆臂时保持背部挺直。

8. 军步走

【动作方法】儿童以站姿为起始姿势，练习时抬起右侧腿至大腿与地面平行，勾脚尖，抬腿过程中对侧手臂向前摆动，两侧交替进行。如图 3-3-3-22 所示。

图 3-3-3-22　军步走

【进退阶动作】该练习动作可以通过单腿练习、抗阻练习、节奏练习来进行动作的进退阶，同时也可以结合标志盘、灵敏圈、小栏架、踏板等器材进行抬腿辅助练习。

【锻炼目标】发展速度能力，发展下肢移动技能。

【建议负荷】练习 4~6 次，每次 10~15 m。

【注意事项】注意抬腿时勾脚尖。

9. 垫步走

【动作方法】儿童以站姿为起始姿势，右腿快速垫步抬起至大腿与地面平行，勾脚尖，抬腿过程中对侧手臂向前摆动，两侧交替摆动。如图 3-3-3-23 所示。

图 3-3-3-23　垫步走

【进退阶动作】该练习动作可以通过单腿练习、抗阻练习、节奏练习来进行动作的进退阶，同时也可以结合标志盘、灵敏圈、小栏架进行辅助练习。

【锻炼目标】发展速度能力，发展下肢移动技能。

【建议负荷】练习 4~6 次，每次 15~25 m。

【注意事项】注意抬腿时勾脚尖。

10. 高抬腿

【动作方法】儿童站姿为起始姿势，两侧腿快速交替抬起至大腿与地面平行，勾脚尖，抬腿过程中对侧手臂向前摆动。如图 3-3-3-24 所示。

图 3-3-3-24　高抬腿

【进退阶动作】该练习动作可以通过抗阻练习、节奏练习来进行动作的进退阶，同时也可以结合标志盘、灵敏圈、小栏架进行辅助练习。

【锻炼目标】发展速度能力，发展下肢移动技能。

【建议负荷】练习 4~6 次，每次 15~25 m。

【注意事项】注意抬腿时勾脚尖。

11. 前滑步

【动作方法】儿童以前后分腿半蹲位为起始姿势，双手自然放于身前。练习时右脚向前做滑步，左脚跟随右脚向前迈步。如图 3-3-3-25 所示。

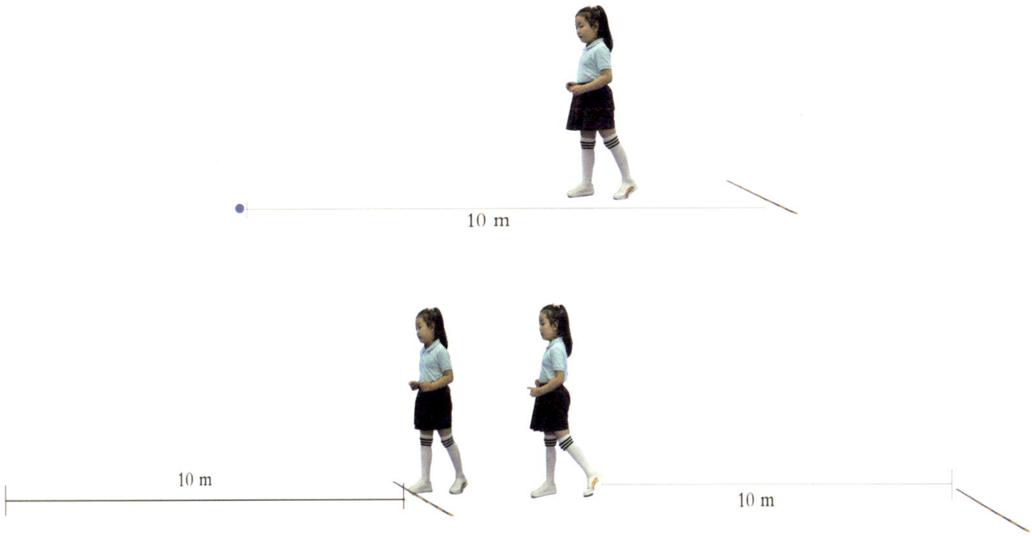

图 3-3-3-25　前滑步

【进退阶动作】该练习动作可以使用标志盘、灵敏圈进行辅助练习，也可以通过增加阻力带、连续滑步、随机口令、滑步接器材的形式增加动作的难度和趣味性。

【锻炼目标】发展速度能力，发展下肢移动技能。

【建议负荷】练习 4~6 次，每次 10~15 m。

【注意事项】注意屈膝屈髋降重心。

12. 侧滑步

【动作方法】儿童以平行半蹲位为起始姿势，双手自然放于体侧。练习时右脚向右侧做滑步，左脚跟随右脚向前迈步。如图 3-3-3-26 所示。

图 3-3-3-26　侧滑步

【进退阶动作】该练习动作可以使用标志盘、灵敏圈进行辅助练习，也可以通过增加阻力带、连续滑步、随机口令、滑步接器材的形式增加动作的难度和趣味性。

【锻炼目标】发展速度能力，发展下肢移动技能。

【建议负荷】练习 4~6 次，每次 10~15 m。

【注意事项】注意屈膝屈髋降重心。

13. 一步一格

【动作方法】儿童双脚交替跑过每一格绳梯，每只脚踏入一格，跑动过程中手臂快速前后交替摆动。如图 3-3-3-27 所示。

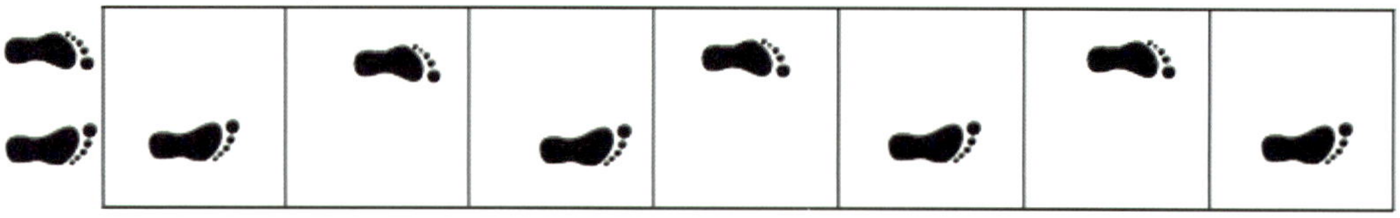

图 3-3-3-27　一步一格

【进退阶动作】该练习动作可以通过走、跑、抗阻、节奏变换、增加上肢动作（如上下击掌、前后击掌、接网球、接标志盘）等形式进行动作的进退阶。

【锻炼目标】发展速度能力，发展下肢移动技能。

【建议负荷】练习 6~8 次。

【注意事项】注意练习时微屈膝屈髋，手臂前后摆动。

14. 两步一格

【动作方法】儿童双脚交替跑过每一格绳梯，跑动过程中手臂快速前后交替摆动。如图 3-3-3-28 所示。

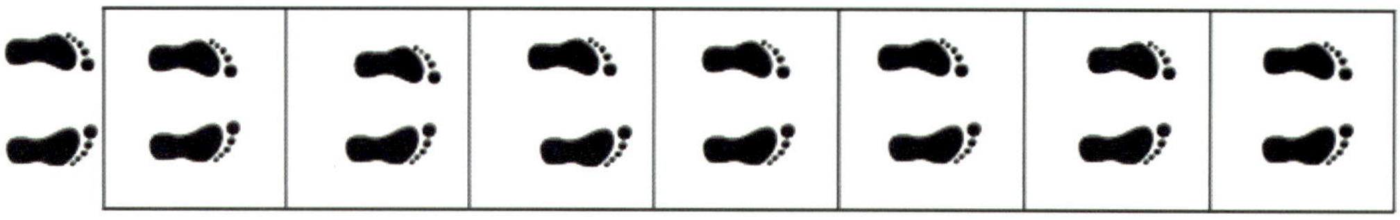

图 3-3-3-28　两步一格

【进退阶动作】该练习动作可以通过走、跑、抗阻、节奏变换、增加上肢动作（如上下击掌、前后击掌、接网球、接标志盘）等形式进行动作的进退阶。

【锻炼目标】发展速度能力，发展下肢移动技能。

【建议负荷】练习 6~8 次。

【注意事项】注意练习时微屈膝屈髋，手臂前后摆动。

15. 进进出出

【动作方法】儿童以站姿为开始动作，练习时双脚先后踏入同一格后，两脚迅速踏到该格两侧，待双脚交替落地后，迅速踏入下一格重复该动作，跑动过程中手臂快速前后交替摆动。如图 3-3-3-29 所示。

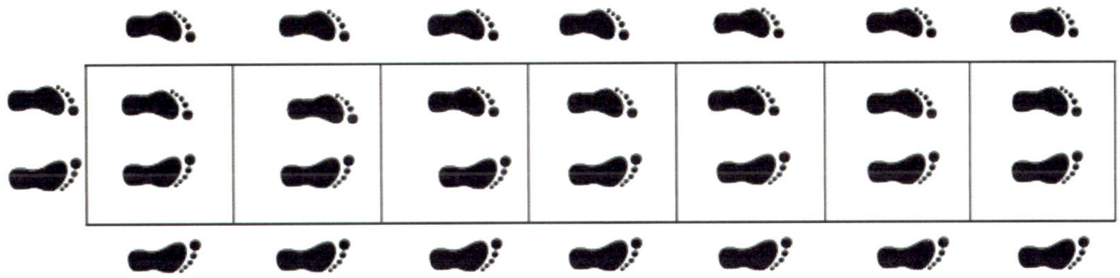

图 3-3-3-29　进进出出

【进退阶动作】该练习动作可以通过走、跑、抗阻、节奏变换、增加上肢动作（如上下击掌、前后击掌、接网球、接标志盘）等形式进行动作的进退阶。

【锻炼目标】发展速度能力，发展下肢移动技能。

【建议负荷】练习 6~8 次。

【注意事项】注意练习时微屈膝。

16. 双脚单次连续并拢跳

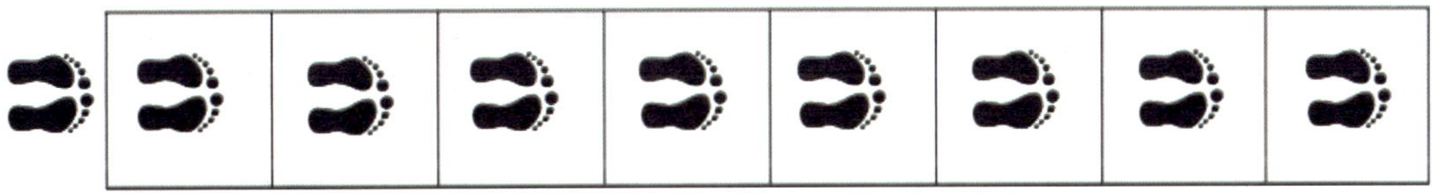

图 3-3-3-30　双脚单次连续并拢跳

【动作方法】儿童以站姿为开始动作，双脚并拢，连续跳过每一格绳梯。如图 3-3-3-31。

图 3-3-3-31　双脚单次连续并拢跳

【进退阶动作】该练习动作可以通过抗阻、节奏变换、增加上肢动作(如上下击掌、前后击掌)等形式进行动作的进退阶。

【锻炼目标】发展灵敏能力，发展下肢移动技能。

【建议负荷】练习 6~8 次。

【注意事项】注意练习时微屈膝。

17. 双脚两次连续并拢跳

【动作方法】儿童以站姿为开始动作，双脚并拢，双手叉腰，连续跳过每一格绳梯，每一格跳两次。如图 3-3-3-32 所示。

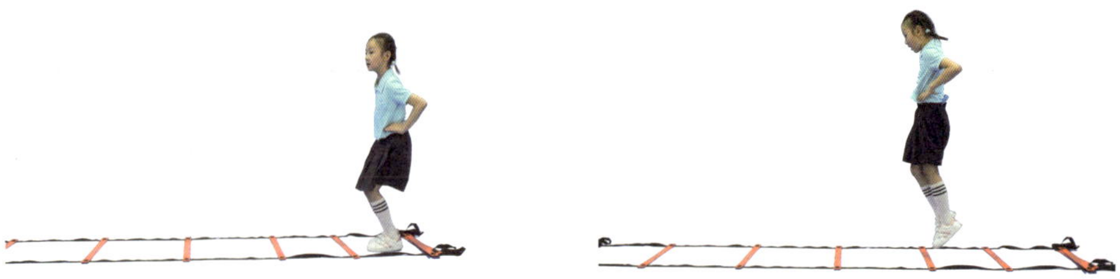

图 3-3-3-32　双脚两次连续并拢跳

【进退阶动作】该练习动作可以通过抗阻、节奏变换、增加上肢动作(如上下击掌、前后击掌)等形式进行动作的进退阶。

【锻炼目标】发展灵敏能力，发展下肢移动技能。

【建议负荷】练习 6~8 次。

【注意事项】注意练习时微屈膝。

18. 开合跳

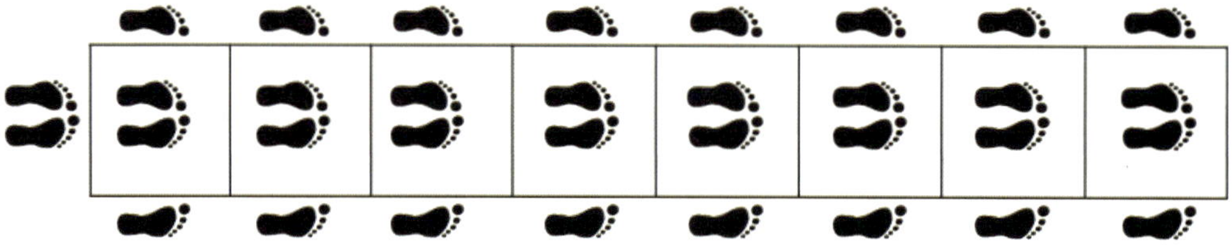

图 3-3-3-33　开合跳

【动作方法】儿童以站姿为开始动作，双脚并拢，连续跳过每一格绳梯，跳入绳梯后，双脚快速交叉跳，左脚跳到右侧，右脚跳到左侧，交叉着落入绳梯两侧。如图 3-3-3-34 所示。

图 3-3-3-34　开合跳

【进退阶动作】该练习动作可以通过抗阻、节奏变换、增加上肢动作（如上下击掌、前后击掌、接网球、接标志盘）等形式进行动作的进退阶。

【锻炼目标】发展灵敏能力，发展下肢移动技能。

【建议负荷】练习 6~8 次。

【注意事项】注意练习时微屈膝。

19. 交叉跳

【动作方法】儿童以前后分腿站姿为开始动作，双脚交替前后摆动向前跳过绳梯。如图 3-3-3-35 所示。

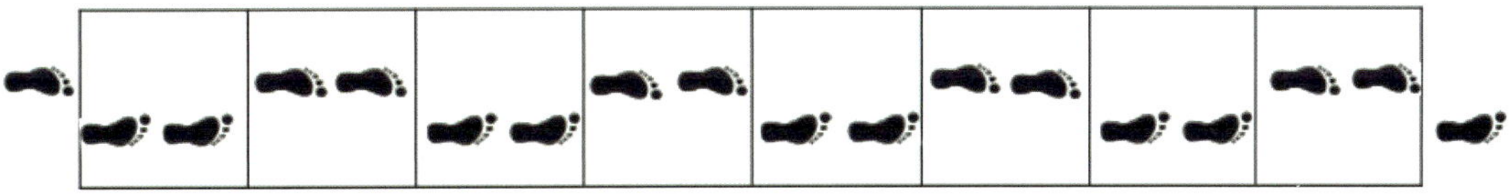

图 3-3-3-35　交叉跳

【进退阶动作】该练习动作可以通过抗阻、节奏变换等形式进行动作的进退阶。

【锻炼目标】发展灵敏能力，发展下肢移动技能。

【建议负荷】练习 6~8 次。

【注意事项】注意练习时微屈膝屈髋，手臂前后摆动。

20. 绳梯直线组合动作练习

【动作方法】儿童根据教练要求，快速进行一步一格的脚步练习。当看到标志物或听到教练口令时，迅速转换动作进行两步一格的练习。如图 3-3-3-36 所示。

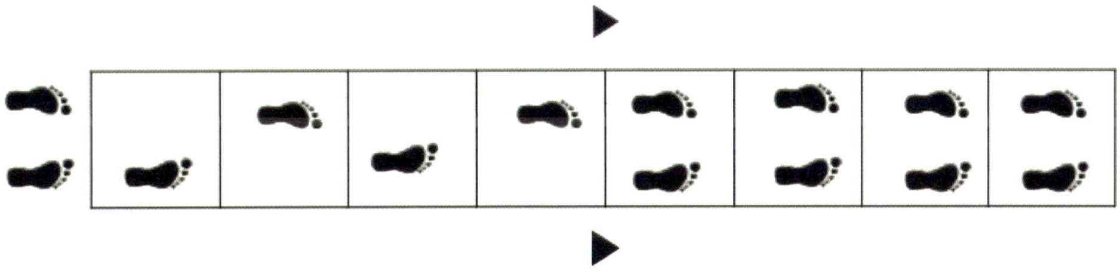

图 3-3-3-36　绳梯直线组合动作练习

【进退阶动作】练习动作可以通过走、跑、抗阻、节奏变换、增加上肢动作（如上下击掌、前后击掌、接网球、接标志盘），增加下肢动作数量等形式进行动作的进退阶。同时，也可以将绳梯、标志盘、灵敏圈、标志桶等器材进行组合,进行步法练习。

【锻炼目标】发展速度能力,发展下肢移动技能。

【建议负荷】练习 6~8 次。

【注意事项】练习时注意屈膝屈髋,手臂前后摆动。

21. 侧向两步一格

【动作方法】儿童以侧向站姿为开始动作,双脚交替跑过每一格绳梯,跑动过程中手臂快速前后交替摆动。如图 3-3-3-37 所示。

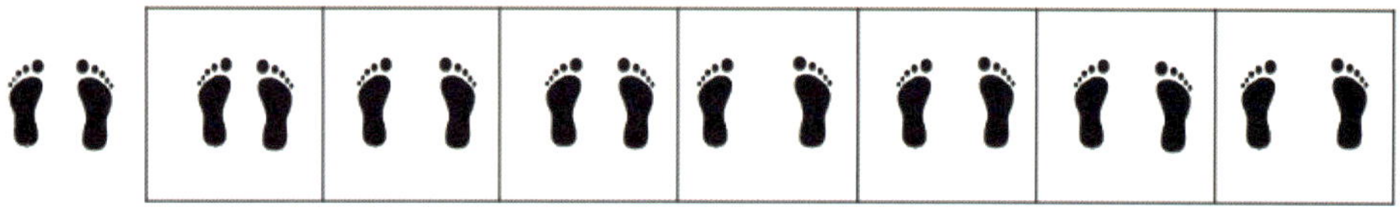

图 3-3-3-37　侧向两步一格

【进退阶动作】该练习动作可以通过走、跑、抗阻、节奏变换、增加上肢动作(如上下击掌、前后击掌、接网球、接标志盘)等形式进行动作的进退阶。

【锻炼目标】发展速度能力,发展下肢移动技能。

【建议负荷】练习 6~8 次。

【注意事项】注意练习时微屈膝屈髋,手臂前后摆动。

22. 侧向进进出出

【动作方法】儿童以侧向站姿为开始动作,练习时双脚先后踏入同一格后,两脚迅速踏到下一格后方,待双脚交替落地后,迅速踏入下一格,重复该动作,跑动过程中手臂快速前后交替摆动。如图 3-3-3-38 所示。

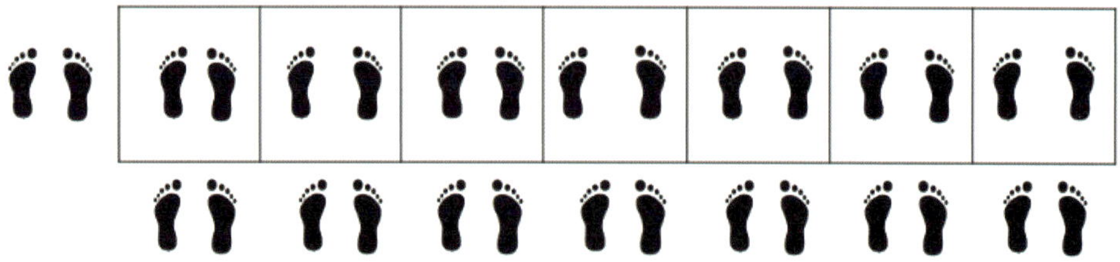

图 3-3-3-38　侧向进进出出

【进退阶动作】该练习动作可以通过走、跑、抗阻、节奏变换、增加上肢动作(如上下击掌、前后击掌、接网球、接标志盘)等形式进行动作的进退阶。

【锻炼目标】发展速度能力,发展下肢移动技能。

【建议负荷】练习 6~8 次。

【注意事项】注意练习时微屈膝屈髋,手臂前后摆动。

23. 绳梯侧向组合动作练习

【动作方法】儿童根据教练要求,快速做两步一格脚步练习,看到标志物或听到教练口令快速转换动作进行侧向进进出出练习。如图 3-3-3-39 所示。

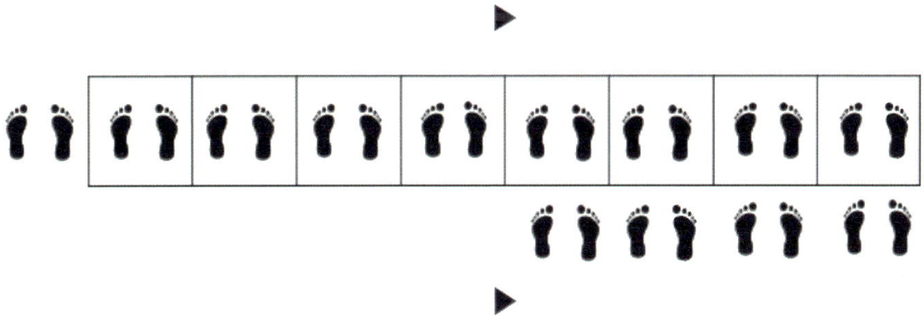

图 3-3-3-39　绳梯侧向组合动作练习

【进退阶动作】练习动作可以通过走、跑、抗阻、节奏变换、增加上肢动作（如上下击掌、前后击掌、接网球、接标志盘）、增加下肢动作数量等形式进行动作的进退阶，同时也可以将绳梯、标志盘、灵敏圈、标志桶等器材进行组合进行步法练习。

【锻炼目标】发展速度能力，发展下肢移动技能。

【建议负荷】练习 6~8 次。

【注意事项】注意练习时微屈膝屈髋，手臂前后摆动。

24. 折返跑

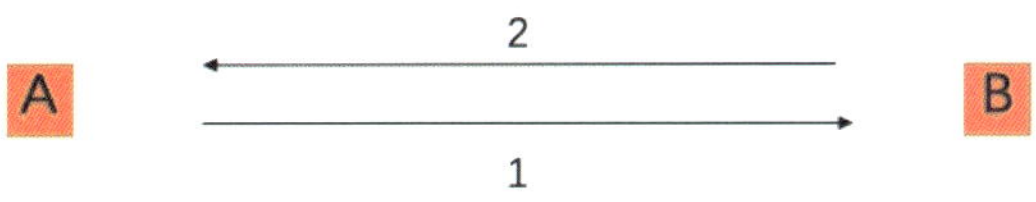

图 3-3-3-40　折返跑

【动作方法】儿童从 A 点快速跑向 B 点后快速跑回到 A 点。如图 3-3-3-41 所示。

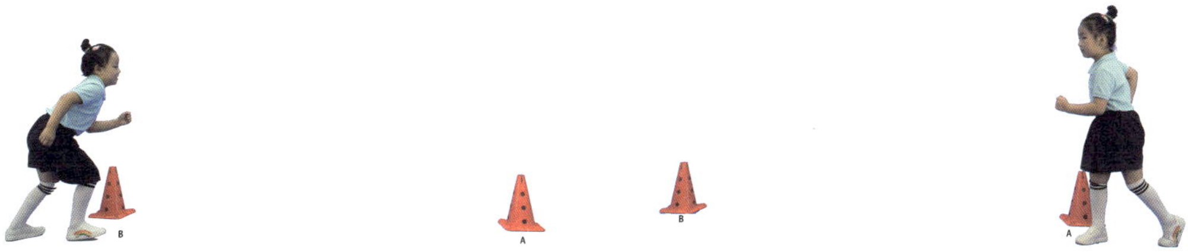

图 3-3-3-41　折返跑

【进退阶动作】该练习动作可以使用绳梯、标志盘、灵敏圈、标志桶等训练器材进行练习。

【锻炼目标】发展速度能力，发展下肢移动技能。

【建议负荷】练习 6~8 次。

【注意事项】注意侧向急停时快速屈膝屈髋降低身体重心。

25. 多组折返跑

【动作方法】儿童从 A 点快速跑向 B 点，接着从 B 点快速跑向 C 点，然后从 C 点快速跑向 D 点，最后从 D 点快速跑向 E 点。如图 3-3-3-42 所示。

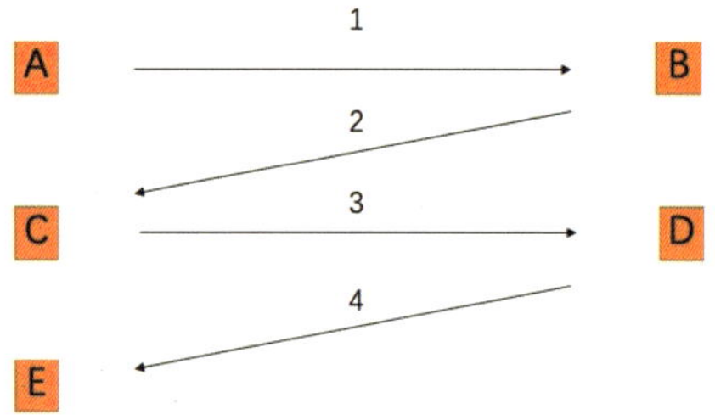

图 3-3-3-42　多组折返跑

【进退阶动作】该练习动作可以使用绳梯、标志盘、灵敏圈、标志桶等训练器材，结合移动步法和随机口令进行练习。

【锻炼目标】发展速度能力，发展下肢移动技能。

【建议负荷】练习 6~8 次。

【注意事项】注意侧向急停时快速屈膝屈髋，降低身体重心。

26.X 型跑

【动作方法】儿童从 A 点快速跑向 B 点后快速跑回到 A 点，然后从 A 点快速跑向 C 点后快速跑回到 A 点，接着从 A 点快速跑向 D 点后快速跑回到 A 点，最后从 A 点快速跑向 E 点后快速跑回到 A 点。如图 3-3-3-43 所示。

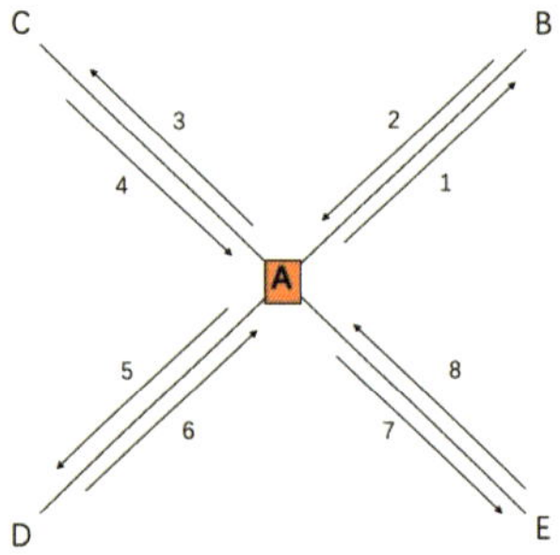

图 3-3-3-43　X 型跑

【进退阶动作】该练习动作可以结合不同形式的移动步法(如滑步、交叉步、高抬腿等)进行组合练习，也可以使用绳梯、标志盘、灵敏圈、标志桶等训练器材结合移动步法和随机口令进行多方向跑的练习。

【锻炼目标】发展速度能力，发展下肢移动技能。

【建议负荷】练习 6~8 次。

【注意事项】注意急停时快速屈膝屈髋，降低身体重心。

27. 正方形跑

【动作方法】儿童从 A 点快速跑向 B 点，然后迅速转向跑向 C 点，再快速转向跑向 D 点，最后再迅速转向跑回到 A 点。如图 3-3-3-44 所示。

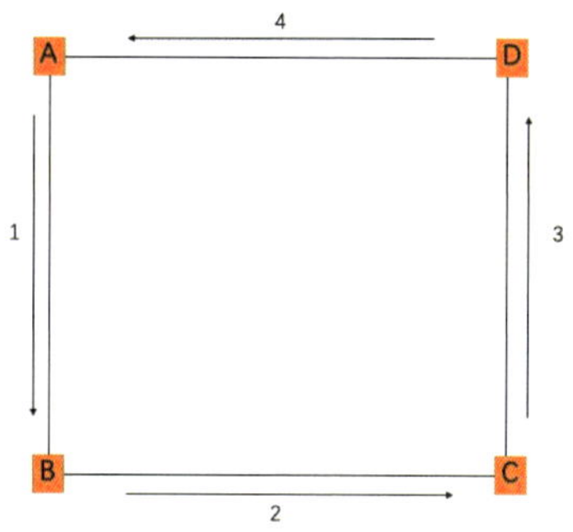

图 3-3-3-44 正方形跑

【进退阶动作】该练习动作可以结合不同形式的移动步法（如滑步、交叉步、高抬腿等）进行组合练习。同时，还可以使用绳梯、标志盘、灵敏圈、标志桶等训练器材，结合移动步法和随机口令进行多方向跑的练习。

【锻炼目标】发展速度能力，发展下肢移动技能。

【建议负荷】练习 6~8 次。

【注意事项】注意动作转换时降低身体重心。

（四）移动类动作技能教学应用与周期安排

1. 移动类动作技能教学应用

（1）跳跃类动作技能教学应用。

第一阶段主要进行跳跃的准备姿势和落地缓冲练习。练习时可以通过游戏进行动作技术的强化，例如进行双脚跳前，可以通过“木头人”的游戏让儿童进行准备姿势的练习。儿童保持半蹲位姿势，教练通过推或拉儿童的手臂、后背等形式干扰儿童，从而强化准备姿势技术。准备姿势完成后，教练可以采用原地落地缓冲、行进间落地缓冲等练习，以强化儿童的落地缓冲技术。

第二阶段主要进行跳上缓冲和跳下缓冲的练习。对于年龄较小的儿童，可以采用双脚并拢的形式跳上较低的体操垫，随着熟练程度的提高逐渐增加跳上的高度。跳下缓冲技术的练习也需要从较低的体操垫逐渐增加高度。

第三阶段主要进行连续跳练习。前期采用慢速练习跳的形式进行练习，不要过度强调跳跃的高度，主要以跳跃标志盘或较低的小栏架为主。随着动作技术的提高，逐渐增加器材的高度。

第四阶段主要以跳跃障碍为主。障碍的高度根据儿童的能力进行选择。如果儿童可以很好地完成慢速连续跳，该阶段可以进行单次快速跳障碍练习，随着练习技术的巩固与提高，逐渐进行两次、三次、多次连续跳障碍练习。如果儿童慢速连续跳技术还不够成熟，则继续进行第三阶段的练习。

（2）跑动类动作技能教学应用。

第一阶段主要进行起跑姿势和移动步法的练习。跑步姿势的练习最初可以采用站立姿势，儿童听到口令后跑向终点即可。练习时可以采用接气球、接纸片等游戏进行练习，教练需要观察儿童的起跑姿势，以便更好地进行跑步姿势教学。移动步法练习可以采用走或慢速跑绳梯进行，儿童熟练掌握动作技术后逐渐加快动作速度。

第二阶段主要进行加速跑、跑步辅助技术、移动步法和多方向跑的练习。该阶段需要增加加速跑的距离，同时加入跑步辅助技术练习。例如进行军步走练习时，儿童可以双手叉腰进行下肢抬腿练习，也可以通过跨越小栏架提高抬腿幅度，同时进行摆臂技术练习，最后进行上下肢结合的完整军步走练习。在本阶段，移动步法的练习需要提高动作速度，同时加入多方向跑练习。不要过度强调跑步技术，以引导为主。前期可以采用折返跑练习，随着练习的深入，逐渐增加跑动的复杂程度。多方向跑的方式有很多，例如折返跑、X 型跑、正方形跑、L 型跑、8 字跑、A 型跑、Z 型跑等。

第三阶段主要进行长距离跑、跑步辅助技术、移动步法和多方向跑的练习。在该阶段，需要进一步增加跑步的距离，并增加跑步辅助技术和多方向跑的动作速度。移动步法练习可以增加动作数量。

第四阶段需要增加跑步的强度，多方向跑加入组合练习。例如，在 X 型跑中可以加入绳梯、高抬腿、折返跑等练习动作。

2. 移动类动作技能教学案例

（1）跳跃类动作技能教学案例，如表 3-3-3-2 所示。

表 3-3-3-2　跳跃类动作技能教学方案

年龄组：儿童前期	训练阶段：Level-1
教学情景	
以游戏形式让儿童初步掌握下肢跳跃类移动技能，强化下肢快速力量与落地缓冲能力	
热身（10 min）	
教学内容	建议负荷
1. 基础慢跑（3 min）：慢跑 2. 热身操（5 min）：四字支撑、金鸡独立、超人不会飞、推雪球、毛毛虫爬 3. 神经激活（2 min）：原地小步跳反应训练	300~400 m 每个动作 5~8 次 2~3 次 / 组
训练（30 min）	
教学内容	建议负荷
1. 木头人游戏（13 min）：双脚原地半蹲跳练习采用"木头人"游戏，教练发出"木头人"口令后，儿童向上起跳，落地时快速屈膝、屈髋、手臂后摆，完成落地缓冲动作后，像木头人一样保持落地姿势，教练上前推儿童的手臂、肩部、膝盖等部位，儿童在对抗外力的同时保持身体姿势 3~5 s 后，教练继续发出"木头人"口令进行练习。 2. 休息补水（2 min） 3. 加强版木头人游戏（13 min）：行进间双脚半蹲跳。儿童能很好地完成双脚原地半蹲跳后，可以进行该练习。儿童围绕教练绕大圈慢走开始，听到教练发出"木头人"口令后快速向上起跳并完成落地缓冲动作，儿童在对抗教练施加外力的同时保持身体姿势 3~5 s 后，教练继续发出"木头人"口令进行练习。 4. 休息补水（2 min）	2~3 组/12~15 次 2~3 组/12~15 次
团队教学游戏（5 min）	
教学内容	建议负荷
双脚跳拍肩膀游戏：学生平均分组，采用双脚跳的形式触碰对方的肩部，在触碰肩膀的同时可通过跳跃的形式躲避。	1 组/3~5 min

续表

恢复再生（5 min）	
教学内容	建议负荷
自主牵拉放松：动作包括小海豹（腹直肌）、小蝴蝶（内收肌）、滚雪球（小腿后群）、超人侧躺（大腿前侧）等	15 s/每个部位
教学反思与总结	
1. 2. 3.	

（2）跑动类动作技能教学案例，如表 3-3-3-3 所示。

表 3-3-3-3　上肢与下肢动作模式教学方案

年龄组：儿童前期	训练阶段：Level-1
教学情景	
以游戏形式让儿童初步掌握跑动类移动技能，提高儿童速度能力	
热身（10 min）	
教学内容	建议负荷
1. 基础慢跑（3 min）：慢跑 2. 热身操（5 min）：四字支撑、金鸡独立、超人不会飞、推雪球、毛毛虫 3. 神经激活（2 min）：快速脚步（机器人开与关）	300~400 m 每个动作 5~8 次 2~3 次 / 组
训练（30 min）	
教学内容	建议负荷
1. 接纸片（13 min）：加速跑练习，这项练习使用了"接纸片"游戏。儿童被分成两组。当教练发出起跑口令后，每组的第一排儿童会迅速冲向教练。在儿童跑了一段距离后，教练会将左手和右手中的纸片分别抛向两组对应的跑道。儿童需要迅速跑向纸片，并在纸片着地前接住它。每一排儿童都会按照他们的顺序依次进行练习 2. 休息补水（2 min） 3. 教练来了（13 min）："教练，来了！"儿童被分成两组。教练站在两组儿童的中间。当教练喊出"教练"的口令时，儿童迅速采取准备姿势。而在教练喊出"来了"的口令后，每组的第一排儿童迅速沿着各自的跑道冲向终点。同时，教练迅速开始追逐儿童。若儿童在冲过终点前被教练追上，则需要完成一个小小的惩罚。若儿童未被教练追上，则获得一枚贴纸作为奖励 4. 休息补水（2 min）	3~5 次/5~8 m 3~5 次/10~15 m
团队教学游戏（5 min）	
教学内容	建议负荷
小鱼补大鱼游戏：这个游戏颠覆了传统的"大鱼吃小鱼"的思维，采用了"小鱼补大鱼"的创意。在游戏中，教练将扮演"小鱼"的角色，而儿童则扮演"大鱼"。游戏开始后，"小鱼"会迅速追捕"大鱼"，而"大鱼"则需要巧妙躲避"小鱼"的追逐。为增加游戏的趣味性和挑战性，教练可以适时调整自己的跑动速度，从而控制游戏的难度。在进行这个游戏之前，教练需要事先规划好"池塘"的区域，同时要注意场地的大小和障碍物的位置，以确保游戏的安全性和流畅性。这种创新的游戏方式不仅能够让儿童在欢乐中体验动作的灵活性和反应能力，还能够促使他们思考不同的策略来逃避"小鱼"的追捕。	2 组/1~2 min

续表

恢复再生(5 min)	
教学内容	建议负荷
自主牵拉放松:动作包括小海豹(腹直肌)、小蝴蝶(内收肌)、滚雪球(小腿后群)、超人侧躺(大腿前侧)等	15 s/每个部位
教学反思与总结	
1. 2. 3.	

3. 移动类动作技能教学周期安排

(1)跳跃类动作技能教学周期安排,如表 3-3-3-4 所示。

表 3-3-3-4　跳跃类动作技能教学周期安排

	周期安排	锻炼目的	锻炼方法	负荷建议
跳跃类动作技能	第一阶段	1. 发展下肢移动技能 2. 发展下肢快速力量	原地纵跳 双脚并拢向前跳 双脚并拢跳障碍 双脚并拢侧向跳 双脚原地半蹲跳	每次选择 1~2 练习动作,练习 2~3 组,每组 12~15 次,持续 2~4 周
	第二阶段		双脚向上跳落地缓冲 双脚跳下落地缓冲	每次选择 1~3 动作,练习 1~3 组,每组 8~12 次,持续 2~4 周
	第三阶段		双脚向前跳 双脚侧向跳 助跑跨跳	每次选择 2~3 动作,练习 1~3 组,每组 8~12 次,持续 2~4 周
	第四阶段		连续跨跳 交替跨跳 单脚跳 连续单脚跳	每次选择 2~4 动作,练习 2~3 组,每组 8~12 次,持续 2~4 周

(2)跑动类动作技能教学周期安排,如表 3-3-3-5 所示。

表 3-3-3-5　跑动类动作技能教学周期安排

	周期安排	锻炼目的	锻炼方法	负荷建议
跑动类动作技能	第一阶段	1. 发展下肢移动技能 2. 发展下肢移动能力	站姿起跑 1 站姿起跑 2 站姿启动练习 坐姿启动练习 一步一格 两步一格 进进出出	每次选择 2~3 动作,练习 3~5 次,速度和辅助技术练习 5~15 米(移动步法每组 3~8 s),持续 2~4 周

续表

	周期安排	锻炼目的	锻炼方法	负荷建议
跑动类动作技能	第二阶段	1. 发展下肢移动技能 2. 发展下肢移动能力	俯卧位启动练习 加速跑练习 摆臂练习 军步走 正方形跑 双脚单次连续并拢跳 双脚两次连续并拢跳 开合跳 交叉跳 绳梯直线组合动作练习	每次选择 2~3 动作，练习 4~6 次，速度和辅助技术练习 15~30 m（移动步法每组 3-15 s），持续 2~4 周
	第三阶段		加速跑练习 垫步 高抬腿 侧向两步一格 侧向进进出出 绳梯侧向组合动作练习 折返跑 X 型跑 正方形跑	每次选择 2~3 动作，练习 4~6 次，速度和辅助技术练习 15~30 m（移动步法每组 3~15 s），持续 2~4 周
	第四阶段		加速跑练习 多组折返跑 X 型跑 正方形跑	每次选择 1~3 动作，练习 4~6 次，速度技术练习 15~50 m，持续 2~4 周

二、操控动作技能教学指导

上肢操控动作技能主要可以分为投、推、抛、接、击打、拍等动作。其中，投、推、抛属于上肢快速力量训练，主要采用网球训练方式进行练习。上肢接、击打、拍属于上肢灵敏协调训练，主要以双手接、拍各种球和使用器材击打皮球或网球为主要训练手段。下肢操控动作技能包括踢、接、盘带，主要以脚踢球为主要训练手段。为了便于教学方案的设计，我们将操控动作技能划分为上肢快速力量和上肢与下肢灵敏协调练习两部分，结合动作的难易程度和不同阶段的训练需求进行周期训练计划的安排。

（一）操控动作技能发展序列

与移动动作技能相似，操控动作技能的发展同样遵循一定的序列，逐步得到完善和提升。在本部分，我们将重点介绍投掷、接球、踢球、凌空踢球以及挥击等操控动作技能。具体内容详见表 3-3-3-6。这些介绍将有助于我们更全面地了解操控动作技能的发展过程，并为教学实践提供有益的参考。

表 3-3-3-6　操控动作技能发展序列

基本动作技能	第一阶段	第二阶段	第三阶段	第四阶段	第五阶段
投掷	面向前方，手臂做砍切动作，下肢静态支撑，躯干无扭转	手臂上挥，扔掷，后续动作手臂越过身体	手臂高挥，同侧上步，躯干小幅度扭转，后续动作手臂越过身体	手臂高挥，异侧上步，躯干小幅度扭转，后续动作手臂越过身体	熟练者手臂向下后挥，异侧上步，分层次转动 上肢和下肢有后续动作
接球	手臂的延迟反应，手臂向前伸展，触球后，把球搂在胸前	手臂先向两侧伸展，然后做一个弧线的画圆动作，用胸将球抱住。原地或跨出一步	用胸触球，手臂前伸到球的下方，用胸将球抱住。可能移动一步接球	只用双手接球。原地或者迈出一小步	移动身体用双手接球
踢球	一点点或没有推的摆动。原地站立“推”球，踢球后经常后退	腿向后摆动，原地站立。手臂和腿反向摆动	脚以较低的弧度迈出，胳膊反向运动 踢球后向前或侧向后续迈步	快速接近球，躯干后倾，踢球前有跨步跳，踢球后表现出单脚跳	
踢凌空球	腿无后摆，抛球不稳，身体原地不动 推球、脚步后退	原地摆动腿，腿向后摆动，抛球依然不稳定，身体原地不动，试图用力踢球	预先迈出一步，一些腿臂的互动，抛球或坠落球	快速接近，控制球的下落，触球之前最后一步是跨跳，踢球之后支撑腿离地跳起	
挥击	用球棒将球砍出，双脚原地不动	水平方向推出/摆动，“组块”转体，双脚原地不动或者迈出一小步	迈出同侧腿，斜向下挥动	迈出异侧腿，躯体转动，后续动作中手腕翻转	

注：上表出自《幼儿功能性动作教学理论与实践》

（二）上肢快速力量教学指导

1. 站姿投网球

【动作方法】儿童以双腿平行站姿开始动作，双手持网球放于胸前。投球时，手臂上举，迅速屈肘后摆，上身跟随手臂动作向后伸展。伸展至最大幅度后，快速屈髋同时手臂用力向前摆动，将球投向前方。如图 3-3-3-45 所示。

图 3-3-3-45 站姿投掷网球

【进退阶动作】该练习动作可以通过不同体位(分腿站姿、分腿跪姿、跪姿)的改变来进行动作的进退阶。

【锻炼目标】发展上肢快速力量,发展上肢操控技能。

【建议负荷】练习 2~3 组,每组 8~12 次。

【注意事项】注意投掷时不要过度低头。

2. 站姿单手投网球

【动作方法】儿童以双腿平行站姿开始动作,右手持网球放于身前。投球时,右手臂上举,迅速屈肘后摆,上身跟随手臂动作向后伸展。伸展至最大幅度后,快速屈髋同时右手臂快速向前摆动用力将球投向前方,然后左右手交替练习。如图 3-3-3-46 所示。

图 3-3-3-46 站姿单手投网球

【进退阶动作】该练习动作通过体位(分腿站姿、分腿跪姿、跪姿)的改变来进行动作的进退阶。

【锻炼目标】发展上肢快速力量,发展上肢操控技能。

【建议负荷】练习 2~3 组,每组 8~12 次。

【注意事项】注意投掷时不要过度低头。

3. 站姿双手推网球

【动作方法】儿童以双腿平行站姿开始动作，双手持网球放于胸前。推球时，迅速屈膝屈髋后快速伸膝伸髋，将球用力推向前方。如图 3-3-3-47 所示。

图 3-3-3-47　站姿双手推网球

【进退阶动作】该练习动作可以通过体位（分腿跪姿、跪姿）的改变来进行动作的进退阶。

【锻炼目标】发展上肢快速力量，发展上肢操控技能。

【建议负荷】练习 2~3 组，每组 8~12 次。

【注意事项】注意保持双脚位置。

（三）上肢与下肢灵敏协调教学指导

1. 原地双手接

【动作方法】儿童以平行半蹲位为起始姿势，双手放于身前。教练主动将小球抛向儿童。儿童双手迅速伸向小球方向，接住器材后抱于身前。如图 3-3-3-48 所示。

图 3-3-3-48　原地双手接

【进退阶动作】该练习动作可以采用不同大小的器材进行练习，也可以使用不同颜色的器材（如标志盘、网球、篮球、足球、沙包等），或根据教练的口令接住相应颜色的器材。同时，随着儿童该项技能技术的提升，教练需要逐渐增加与儿童之间的距离。

【锻炼目标】发展上肢灵敏协调，发展上肢操控技能。

【建议负荷】练习 3~5 组，每组 3~15 s。

【注意事项】注意双手主动向前接器材。

2. 行进间双手接

【动作方法】儿童以平行半蹲位为起始姿势，双手放于身前。教练主动将小球抛向儿童。儿童双脚快速移动，双手迅速伸向小球方向，接住器材后抱于身前，也可以直接双手接住器材。如图 3-3-3-49 所示。

图 3-3-3-49　行进间双手接

【进退阶动作】该练习动作可以采用不同大小的器材进行练习，也可以使用不同颜色的器材，根据教练的口令接住相应颜色的器材。同时，随着儿童该项技能的提升，可以通过改变体位或增加动作的环节(如儿童以坐姿为起始姿势,听到口令后快速移动接住器材。儿童背对教练,听到口令后快速转身移动接住器材),来增加练习动作的难度。

【锻炼目标】发展上肢灵敏协调,发展上肢操控技能。

【建议负荷】练习 3~5 组,每组 3~15 s。

【注意事项】注意双手主动向前接器材,同时保持身体重心。

3. 击打静态物体

【动作方法】儿童以站姿为起始姿势,双手持 PVC 杆或挥击棒,击打置于标志桶上方的网球。如图 3-3-3-50 所示。

图 3-3-3-50　击打静态物体

【进退阶动作】该练习动作可以通过改变器材的大小来进行动作难度的变化,也可以将击打静态球改为击打滚动球或凌空抛出的球。同时,也可以增加动作环节(如儿童背对教练,听到口令后快速转身移动击打物体。也可以结合移动步法进行击打的练习),来增加练习动作的难度。两侧击球交替进行。

【锻炼目标】发展上肢灵敏协调,发展上肢操控技能。

【建议负荷】练习 3~5 组,每组 3~15 s。

【注意事项】注意击打网球的正后方。

4. 双手拍球

【动作方法】儿童以半站姿为起始姿势,双手连续将瑞士球拍起。如果儿童年龄较小或无法完成拍球动作,则从拍固定瑜伽球开始练习。如图 3-3-3-51 所示。

图 3-3-3-51　双手拍球

【进退阶动作】该练习动作可以通过改变球的大小来进行动作难度的变化，也可以通过原地拍球、行进间拍球、拍球绕过障碍、拍球躲避等练习，来增加动作难度。

【锻炼目标】发展上肢灵敏协调，发展上肢操控技能。

【建议负荷】练习 3~5 组，每组 15~60 s。

【注意事项】注意拍球时手臂发力。

5. 单手拍球

【动作方法】儿童以站姿为起始姿势，右手连续将瑞士球拍起，如果儿童年龄较小或无法完成拍球动作，则从拍固定瑜伽球开始练习，同时可以进行双手交替练习。如图 3-3-3-52 所示。

图 3-3-3-52　单手拍球

【进退阶动作】该练习动作可以通过改变球的大小来进行动作难度的变化，也可以通过原地拍球、行进间拍球、拍球绕过障碍、拍球躲避等练习进行动作难度的增加。

【锻炼目标】发展上肢灵敏协调，发展上肢操控技能。

【建议负荷】练习 3~5 组，每组 15~60 s。

【注意事项】注意拍球时手臂发力。

6. 踢静态球

【动作方法】儿童以站姿为起始姿势，听到口令后快速将放置于前方的足球踢出。如图 3-3-3-53 所示。

图 3-3-3-53　踢静态球

【进退阶动作】该练习动作可以通过结合助跑、移动步法踢球的形式来增加动作难度，也可以通过将球踢入固定位置（如踢进球门或指定的位置）的形式增加动作难度。

【锻炼目标】发展下肢灵敏协调，发展下肢操控技能。

【建议负荷】练习 3~5 组，每组 3~15 s。

【注意事项】注意踢球时使用脚内侧踢球。

7. 踢动态球

【动作方法】儿童以站姿为起始姿势，听到口令后快速将移动中的足球踢出。如图 3-3-3-54 所示。

图 3-3-3-54　踢动态球

【进退阶动作】该练习动作可以通过结合助跑、移动步法踢球的形式来增加动作难度，也可以通过将球踢入固定位置（如踢进球门或指定的位置）的形式增加动作难度。

【锻炼目标】发展下肢灵敏协调，发展下肢操控技能。

【建议负荷】练习 3~5 组，每组 3~15 s。

【注意事项】注意踢球时使用脚内侧踢球。

（四）操控动作技能教学应用与周期安排

1. 操控动作技能教学应用

（1）上肢快速力量教学应用。

上肢快速力量教学主要分为四个阶段。

第一阶段的主要目的是让儿童掌握正确的动作技术。在这一阶段，练习动作主要以站姿为主，随着儿童对动作技术的逐渐掌握和提升，会逐步引入分腿站姿技术，以丰富其技术储备并提高稳定性。

第二阶段的核心目标是进一步强化儿童在第一阶段所掌握的动作技术，确保技术的准确性和熟练度。

第三阶段的主要训练焦点是增加练习的次数，并在此基础上适当强调动作速度的提升。

这一阶段的主要目的是通过增加练习量来进一步巩固和强化儿童的动作技术。

第四阶段的主要训练动作是投网球，旨在通过这一具有挑战性和实战性的训练方式来提高儿童的神经肌肉反应速率，为其在更复杂、更动态的环境中执行上肢快速力量动作打下坚实基础。

（2）上肢与下肢灵敏协调教学应用。

上肢与下肢的灵敏协调教学动作对儿童而言，不仅是一项基本动作技能，还是一项富有趣味性的游戏活动。通过将这些练习与移动步法、多方向跑相结合进行训练，不仅能提升训练内容的趣味性，激发儿童的训练积极性，还能确保训练效果。上肢与下肢灵敏协调教学可划分为以下四个阶段。

第一阶段主要侧重于原地练习，如进行接的动作练习时，初期可以采用抢球游戏来培养儿童主动接球的意识。当儿童能够熟练地完成抢球动作后，教练可以逐渐缩短与儿童的距离，将球主动抛给儿童，并随后逐步增加抛球的距离，以提升其反应和协调能力。

第二阶段以行进间练习为主。在这一阶段，儿童已经具备了静态接、拍的能力，因此可以将上下肢灵敏协调动作与跑、移动步法相结合进行练习。在练习过程中，应着重于动作的完成度，而不必过度强调动作速度。

第三阶段和第四阶段则可以将移动步法、多方向跑融入练习中，同时需要强调动作完成的速度，以提升儿童在动态环境中的灵敏协调能力和反应速度。通过这四个阶段的系统训练，儿童的上肢与下肢灵敏协调能力将得到全面提升。

2. 操控动作技能教学方案

（1）上肢快速力量教学方案，如表 3-3-3-7 所示。

表 3-3-3-7　上肢快速力量教学方案

年龄组：儿童前期	训练阶段：Level-1
教学情景	
以游戏的形式，让儿童初步掌握跑动类移动技能，提高儿童速度能力	
热身（10 min）	
教学内容	建议负荷
1. 基础慢跑（2 min）：慢跑 2. 热身操（6 min）：振臂、交叉振臂、肩部绕环、四字支撑、金鸡独立、超人不会飞、推雪球、毛毛虫 3. 神经激活（2 min）：快速打拳	200~300 m 每个动作 5~8 次 2~3 次 / 组
训练（45 min）	
教学内容	建议负荷

续表

1. 打水漂（20 min）：儿童右手持网球投向指定的体操垫上，网球在体操垫上弹起一次即为一个“水漂”，弹起次数越多“水漂”越多，该练习的主要目的在于改善儿童投掷网球的出手角度，出手点低网球在体操垫上弹起的次数就少，随着儿童出手角度的改善，可将体操垫后移一定距离，避免儿童为追求“水漂”次数而过高角度出手。 2. 休息补水（2 min） 3. 打地鼠（20 min）：该练习主要目的在于提高儿童的出手速度，将体操垫对折 90° 直立放于地面，教练持标志桶（地鼠）藏在体操垫后方，儿童单手持网球站在体操垫前方（儿童与体操垫距离根据儿童能力进行调整），当教练将标志桶举过瑜伽垫时，儿童迅速将网球投向标志桶。 4. 休息补水（3 min）	3 组/12 次/侧手 3 组/12 次/侧手
恢复再生（5 min）	
教学内容	建议负荷
自主牵拉放松：动作包括小海豹（腹直肌）、小海豹摆造型（背部）、大鹏展翅（胸部）、双手对抗（小臂）等。	15 s/每个部位
教学反思与总结	
1. 2. 3.	

（2）上肢与下肢灵敏协调教学方案，如表 3-3-3-8 所示。

表 3-3-8　上肢与下肢灵敏协调教学方案

年龄组：儿童前期	训练阶段：Level-1
教学情景	
以游戏的形式，让儿童初步掌握上肢与下肢操作动作技能，发展上肢与下肢灵敏协调能力	
热身（10 min）	
教学内容	建议负荷
1. 基础慢跑（2 min）：慢跑 2. 热身操（6 min）：振臂、交叉振臂、肩部绕环、四字支撑、金鸡独立、超人不会飞、推雪球、毛毛虫 3. 神经激活（2 min）：快速脚步（机器人开与关）	300~400 m 每个动作 5~8 次 2~3 次 / 组
训练（45 min）	
教学内容	建议负荷
1. 接球（20 min）：行进间双手接球。儿童分两组，教练持球与儿童保持一定距离，教练发出开始口令后快速将球击向地面，每组第一排的儿童迅速跑向各自对应的球，并在球落地前接住球 2. 休息补水（2 min） 3. 踢动态球（20 min）：踢动态球。儿童分两组，教练持球与儿童保持一定距离，当教练发出开始口令后将球抛向每组第一排的儿童，儿童迅速跑向足球并将足球踢向直立的体操垫 4. 休息补水（3 min）	2 组/12~15 次 2 组/12~15 次/侧脚
恢复再生（5 min）	
教学内容	建议负荷

续表

自主牵拉放松：小滑梯（大腿前侧）、小蝴蝶（内收肌）、滚雪球（小腿后群）、小海豹摆造型（背部）、大鹏展翅（胸部）、双手对抗（小臂）等	15 s/每个部位
教学反思与总结	
1. 2. 3.	

3. 操控动作技能教学周期安排

（1）上肢快速力量教学周期安排，如表 3-3-3-9 所示。

表 3-3-3-9　上肢快速力量教学周期安排

	周期安排	锻炼目的	锻炼方法	负荷建议
上肢快速力量	第一阶段	1. 发展上肢操控技能 2. 发展上肢快速力量	站姿投网球 站姿单手投网球 站姿双手推网球	每次选择 1~2 练习动作，练习 2~3 组，每组 8~12 次，持续 2~4 周
	第二阶段			每次选择 1~2 动作，练习 1~3 组，每组 8~12 次，持续 2~4 周
	第三阶段			每次选择 1~2 动作，练习 1~3 组，每组 8~12 次，持续 2~4 周
	第四阶段			每次选择 1~2 动作，练习 1~3 组，每组 8~12 次，持续 2~4 周

（2）上肢与下肢灵敏协调教学周期安排，如表 3-3-3-10 所示。

表 3-3-3-10　上肢与下肢灵敏协调教学周期安排

	周期安排	锻炼目的	锻炼方法	负荷建议
上肢与下肢灵敏协调	第一阶段	1. 发展上肢与下肢操控技能 2. 发展上肢与下肢灵敏能力	原地接球 踢静态球	每次选择 2~3 动作，练习 3~5 组，每组 3~15 s，持续 2~4 周
	第二阶段		行进间双手接球 踢动态球	每次选择 2~3 动作，练习 3~5 组，每组 3~15 s，持续 2~4 周
	第三阶段		击打静态物体 双手拍球 踢动态球	每次选择 2~3 动作，练习 3~5 组，每组 3~15 s，持续 2~4 周
	第四阶段		单手拍球 踢动态球	每次选择 2~3 动作，练习 3~5 组，每组 3~15 s，持续 2~4 周

三、控制动作技能教学指导

控制动作技能主要以身体控制为主，教学内容包括下肢平衡控制动作技能与核心控制动作技能。下肢平衡控制动作技能教学指导主要包括双脚站体操垫、抗干扰双脚站体操垫、单脚站立、抗干扰单脚站立、走平衡木等动作。核心控制动作技能教学指导主要包括虫爬、熊爬、蜘蛛爬、坐姿对抗、跪姿平板撑、静态臀桥、静态屈膝侧桥等动作。

（一）下肢平衡控制动作技能教学指导

1. 双脚站体操垫

【动作方法】儿童双脚站在体操垫上保持身体平衡。如图 3-3-3-55 所示。

图 3-3-3-55　双脚站体操垫

【进退阶动作】该练习动作可以通过使用体操垫、平衡垫、博苏球等器材增加动作难度。

【锻炼目的】发展下肢平衡能力，发展下肢控制动作技能。

【建议负荷】练习 1~3 组，每组 15~60 s。

【注意事项】练习时可通过微屈膝和屈髋来调整身体平衡。

2. 抗干扰双脚站体操垫

【动作方法】儿童双脚站在体操垫上，教练通过推儿童的手臂、后背、腿部来干扰平衡，儿童则通过对抗教练施加外力保持身体平衡。如图 3-3-3-56 所示。

【进退阶动作】该练习动作可以通过使用不同类型器材、下蹲捡器材等练习增加动作难度。

【锻炼目的】发展下肢平衡能力，发展下肢控制动作技能。

【建议负荷】练习 1~3 组，每组 15~60 s。

【注意事项】练习时可通过微屈膝和屈髋来调整身体平衡。

图 3-3-3-56　双脚站体操垫抗干扰

3. 单脚站立

【动作方法】儿童双手叉腰，左脚抬起，右脚支撑地面，上身保持挺直，两侧脚交替进行练习。如图 3-3-3-57 所示。

图 3-3-3-57　单脚站立

【进退阶动作】该练习动作可以通过单手扶墙壁或 PVC 杆进行退阶练习，也可以通过使用体操垫、平衡垫、博苏球等不稳定平面器材增加动作难度。【锻炼目标】发展下肢平衡能力，发展下肢控制动作技能。

【建议负荷】练习 1~3 组，每组 15~60 s。

【注意事项】练习时可通过微屈膝和屈髋来调整身体平衡。

4. 抗干扰单脚站立

【动作方法】练习左脚抬起，右脚支撑地面，上身保持挺直，教练通过推儿童的手臂、后背、腿部来干扰平衡，儿童则通过对抗教练施加外力保持身体平衡，两侧脚交替进行练习。如图 3-3-3-58 所示。

图 3-3-3-58　抗干扰单脚站立

【进退阶动作】该练习动作可以通过使用不同类型器 材、下蹲捡器材等练习增加动作难度。

【锻炼目标】发展下肢平衡能力，发展下肢控制动作技能。

【建议负荷】练习 1~3 组，每组 15~60 s。

【注意事项】练习时可通过微屈膝和屈髋来调整身体平衡。

5. 走平衡木

【动作方法】儿童从平衡木上走过，走的过程中保持身体平衡，同时保持不从平衡木上掉落。如图 3-3-3-59 所示。

图 3-3-3-59　走平衡木

【进退阶动作】该练习动作可以通过走博苏球等不稳定平面降低难度，也可以通过增加行走过程中的动作环节（如行走过程中下蹲捡标志盘或将一侧标志桶上面的网球放到另一侧标志桶上面）来增加动作难度。

【锻炼目标】发展下肢平衡能力，发展下肢控制动作技能。

【建议负荷】练习 1~3 组，每组 15~60 s。

【注意事项】练习时可通过微屈膝和屈髋来调整身体平衡。

（二）核心控制动作技能教学指导

1. 虫爬

【动作方法】儿童以站姿为起始姿势。练习时躯干弯曲，手臂伸直，双手顺势接触地面，同时保持躯干伸直。两手交替向前移动，腹部保持收紧，双腿伸直。手臂移动至最大幅度后，双腿伸直，双脚交替小步幅向前移动。双脚移动至两手臂中间后，重复该练习动作。如图 3-3-3-60 所示。

图 3-3-3-60　虫爬

【进退阶动作】该练习动作可以通过屈膝来降低动作难度，对于年龄较小的儿童可以规定手臂和双脚移动的次数（如手臂向前爬 8 次后，双脚向前走 8 次），随着熟练程度的提高逐渐增加动作难度。也可以通过增加动作环节（如爬行过程中将弹力带套在腰部侧向拉弹力带进行干扰或在爬行过程中向前交替推小哑铃）、改变爬行的方向（如侧向爬行、反向爬行）来增加动作难度。

【锻炼目标】发展核心区平衡能力，发展核心区控制动作技能。

【建议负荷】练习 1~3 组，每组 10~15 m。

【注意事项】注意练习时腹部收紧。

2. 熊爬

【动作方法】儿童以四点支撑为起始姿势，爬行过程中双手和双脚交替向前移动。如图 3-3-3-61 所示。

图 3-3-3-61　熊爬

【进退阶动作】该练习动作可以通过增加动作环节（如爬行过程中将弹力带套在腰部，侧向拉弹力带进行干扰或在爬行过程中向前交替推小哑铃）、改变爬行的方向（如侧向爬行、反向爬行）来增加动作难度。

【锻炼目标】发展核心区平衡能力，发展核心区控制动作技能。

【建议负荷】练习 1~3 组，每组 10~15 m。

【注意事项】练习时选择平坦开阔的场地。

3. 蜘蛛爬

【动作方法】儿童以四点支撑为起始姿势，腹部和面部朝上，双手置于身后，爬行过程中双手和双脚交替向前移动。如图 3-3-3-62 所示。

图 3-3-3-62　蜘蛛爬

【进退阶动作】该练习动作可以通过改变爬行的方向(如侧向爬行、反向爬行)来增加动作难度。

【锻炼目标】发展核心区平衡能力,发展核心区控制动作技能。

【建议负荷】练习 1~3 组,每组 10~15 m。

【注意事项】练习时爬行速度不宜过快。

4. 坐姿对抗

【动作方法】儿童以坐姿为开始姿势,双脚距离略宽于肩宽,双手屈肘置于身前,背部保持挺直。练习时,教练通过掌根推儿童的手臂、肩部、背部、膝盖来施加外力,儿童在对抗教练施加外力的情况下保持身体平衡。推的过程中不要突然发力,逐渐增加力量,每个部位保持 5~30 s。如图 3-3-3-63 所示。

图 3-3-3-63　坐姿对抗

【进退阶动作】该练习动作可以通过改变体位(如半蹲位、坐在瑜伽球上)来改变动作难度。

【锻炼目标】发展核心区平衡能力,发展核心区控制动作技能。

【建议负荷】练习 1~3 组,每组 5~30 s。

【注意事项】注意保持背部挺直。

5. 跪姿平板撑

【动作方法】儿童屈膝并拢支撑于地面,双手屈肘成 90° 支撑于地面,同时保持背部挺直腹部收紧，静态保持 10~30 s。如图 3-3-3-64 所示。

图 3-3-3-64　跪姿平板撑

【进退阶动作】该练习动作可以通过改变体位（如将双肘放在不同高度的跳箱上面）来降低动作难度，也可以通过双脚支撑伸直膝盖、手臂伸直，双脚或双手放在平衡垫上、抗干扰、增加动作环节（双手交替移动标志盘或小哑铃）来增加动作难度。

【锻炼目标】发展核心区平衡能力，发展核心区控制动作技能。

【建议负荷】练习 1~3 组，每组 10~30 s。

【注意事项】注意保持背部挺直。

6. 静态臀桥

【动作方法】儿童仰卧位，双腿至小腿与地面垂直，两脚距离略宽于肩宽，伸髋至膝盖、腹部、肩部成一条直线，静态保持 10~30 s。如图 3-3-3-65 所示。

图 3-3-3-65　静态臀桥

【进退阶动作】该练习动作可以通过改变双脚支撑面（如双脚放在平衡垫上）、抬高下肢高度（如双脚放在跳箱上面）、使用弹力环、单腿支撑等形式来增加动作难度。

【锻炼目标】发展核心区平衡能力，发展核心区控制动作技能。

【建议负荷】练习 1~3 组，每组 10~30 s。

【注意事项】注意保持膝盖、腹部、肩部成一条直线。

7. 静态屈膝侧桥

【动作方法】儿童以侧卧位为开始姿势，练习时右侧手屈肘支撑，臀部、膝关节离开地面，保持背部挺直、腹部收紧，静态保持 10~30 s。如图 3-3-3-66 所示。

图 3-3-3-66　静态屈膝侧桥

【进退阶动作】该练习动作可以通过改变体位(如将双肘放在不同高度的跳箱上面)来降低动作难度,也可以通过双脚支撑伸直膝盖、手臂伸直,双脚或双手放在平衡垫上、抗干扰等形式来增加动作难度。

【锻炼目标】发展核心区平衡能力,发展核心区控制动作技能。

【建议负荷】练习 1~3 组,每组 10~30 s。

【注意事项】注意保持膝盖、腹部、肩部成一条直线。

(三)控制动作技能教学应用与周期安排

1. 控制动作技能教学应用

(1)下肢平衡控制动作技能教学应用。

下肢平衡训练的动作有很多,在进行动作教学时优先选择儿童可以轻松完成且比较感兴趣的练习动作。对于刚参加体能训练的儿童,第一阶段可以采用双脚站立在体操垫或平衡垫上进行练习。对于年龄较大或运动能力较好的儿童,可以采用单脚站立的训练方式。随着儿童运动能力的提高,逐渐增加动作难度。第二阶段、第三阶段和第四阶段可以采用单脚站立、抗干扰单脚站立、走平衡垫等动作进行训练,并逐渐增加动作难度。

(2)核心控制动作技能教学应用

对于刚参加训练的儿童来说,爬行训练是一个非常好的选择。不仅可以提高儿童的核心区稳定,还能提高上肢力量以及上下肢的协调能力。第一阶段的核心区稳定阶段可以采用不同形式的爬行来增加儿童的核心区稳定。比如针对幼儿的爬行训练,最初可以采用熊爬练习,随着训练的深入,逐渐增加抗干扰、负重等环节来增加动作难度。第二阶段的核心区稳定训练,建议从坐姿或半蹲位对抗开始。静态对抗本身也是一个趣味性较强的训练,儿童可以通过对抗外力保持身体姿势,可以更好地激活和锻炼其核心区肌群。第三阶段、第四阶段开始进行平板撑、侧桥、臀桥等练习。

(3)控制动作技能教学方案,如表 3-3-3-11 所示。

表 3-3-11　控制动作技能教学方案

年龄组:儿童前期	训练阶段:Level-1
教学情景	
以游戏的形式,让儿童初步掌握下肢平衡控制与核心控制动作技能,发展下至平衡与核心区力量能力	
热身(10 min)	
教学内容	建议负荷
1. 基础慢跑(3 min):慢跑 2. 热身操(5 min):四字支撑、金鸡独立、超人不会飞、推雪球、毛毛虫 3. 神经激活(2 min):快速脚步(机器人开与关)	300~400 m 每个动作 5~8 次 2~3 次/组

续表

训练（33 min）	
教学内容	建议负荷
1. 抗干扰单脚站立（6 min）：该练习采用“木头人”游戏练习，儿童手拉手围成一个大圆，教练使用网球推儿童肩部、背部、膝盖等部位干扰儿童，儿童对抗教练施加的外力并保持身体平衡 2. 走平衡木（12 min）：儿童依次从平衡木上走过，行走的过程中教练对儿童做好保护 3. 休息补水（2 min） 4. 虫爬、蜘蛛爬（8 min）：儿童根据教练的口令采用虫爬或蜘蛛爬的方式完成爬行 5. 臀桥（3 min） 6. 休息补水（2 min）	3 组/30~60 s/侧腿 3~5 组 3 组/30~60 s 2~3 组/30~60 s
恢复再生（7 min）	
教学内容	建议负荷
自主牵拉放松：动作包括小滑梯（大腿前侧）、小蝴蝶（内收肌）、滚雪球（小腿后群）、小海豹（腹部）、小海豹摆造型（背部）、大鹏展翅（胸部）、双手对抗（小臂）等	15 s/每个部位
教学反思与总结	
1. 2. 3.	

2. 控制动作技能教学周期安排

（1）下肢平衡控制动作技能教学周期安排，如表 3-3-3-12 所示。

表 3-3-3-12　下肢平衡控制动作技能数学周期安排

控制动作技能周期安排				
下肢平衡控制动作技能	周期安排	锻炼目的	锻炼方法	负荷建议
	第一阶段	1. 发展下肢控制技能 2. 发展下肢平衡能力	双脚站体操垫 抗干扰双脚站体操垫	每次选择 1~2 动作，练习 1~3 组，每组 15~60 s，持续 2~4 周
	第二阶段		抗干扰单脚站立 走平衡木	每次选择 1~2 动作，练习 1~3 组，每组 15~60 s，持续 2~4 周
	第三阶段		抗干扰单脚站立 走平衡木	每次选择 1~2 动作，练习 1~3 组，每组 15~60 s，持续 2~4 周
	第四阶段		单脚站立 抗干扰单脚站立 走平衡木	每次选择 1~2 动作，练习 1~3 组，每组 15~60 s，持续 2~4 周

（2）核心控制动作技能教学周期安排，如表 3-3-3-13 所示。

表 3-3-3-13　核心控制动作技能教学周期安排

控制动作技能周期安排				
	周期安排	锻炼目的	锻炼方法	负荷建议
核心控制动作技能	第一阶段	1. 发展核心平衡能力 2. 发展核心控制动作技能	虫爬 熊爬 蜘蛛爬	每次选择 1~2 动作，练习 1~3 组，每组 10~15 m，持续 2~4 周
	第二阶段		坐姿对抗	每次 2~3 组，每组 10~30 s，持续 2~4 周
	第三阶段		跪姿平板撑 静态臀桥 静态屈膝侧桥	每次选择 2~3 动作，练习 1~3 组，每组 10~30 s，持续 2~4 周
	第四阶段		跪姿平板撑 静态臀桥 静态屈膝侧桥	每次选择 2~3 动作，练习 1~3 组，每组 10~30 s，持续 2~4 周

思考与实践

（1）上肢与下肢基本动作模式有哪些？

（2）根据本任务提供的基本动作模式教学方案进行模拟实操教学。

（3）基本动作技能分为哪几类？

（4）根据本任务的动作技能教学方案，抽取任一主题进行模拟实操教学。

任务四　儿童前期基本动作技能教学原则与周期教学计划制定

儿童前期基本动作技能教学设计的制定是一项系统工程。我们需要了解和掌握与动作技能相关的教学原则，为我们的教学设计提供理论支持。同时，还需要对整个大周期的教学目标进行总体规划。以本任务中儿童前期基本动作技能大周期教学计划（表 3-4-1-1）为例，将每个大周期分为四个阶段，每个阶段进行 4 周动作技能教学。同时，每个阶段设定一个教学目标，根据教学目标确定动作技能的练习形式。练习形式确定后，可以将练习动作具体化，按照难易程度或进退阶的形式分别划入 4 周训练课中。每周的练习动作确定后，单节课的具体练习动作也可以随之确定。同时，还需要结合课程内容组合方法，将确定的练习动作放入教案中，从而完成我们每节课的教案内容。

学习任务

（1）能够为儿童前期制定粗大动作技能和精细动作技能教学计划。

（2）能掌握基本动作技能教学内容，并熟练完成教学指导。

学习目标

知识目标

（1）了解基本动作技能的教学原则。

（2）掌握不同阶段动作技能的训练目标。

（3）熟悉基本动作技能的周期计划。

能力目标

（1）能指导儿童完成动作技能的实操教学。

（2）能结合所学内容分别设计一节课和多节课的教学计划。

（3）能根据动作技能教学原则，制定相应周期锻炼计划。

素养目标

（1）培养学生严谨认真的学习态度。

（2）培养学生科学求实的精神。

（3）培养学生关爱儿童、以身作则的职业理想。

子任务 基本动作技能教学指导

一、基本动作技能教学原则

（一）发展性教学原则

儿童前期处于长期发育过程中，可塑性很强。基于儿童前期整体的发展水平，在训练中需要对儿童前期功能性动作发展水平和阶段进行评估。在评估的基础上进行训练方案的设计，更有利于其动作技能的发展。同时，还需要掌握儿童前期动作发展的顺序和水平，循序渐进地进行动作教学。

（二）全面发展教学原则

在儿童前期动作教学中需要综合全面发展，尽量避免采用单一的练习方式进行训练。结合各项素质发展敏感期的同时，也需要兼顾其他素质和动作技能的发展，做到全面发展。

（三）有序性教学原则

受生长发育的限制，儿童前期基本动作技能的发展随着年龄的增长不断有序发展。例如，儿童前期的基本动作技能不会天然形成，需要经过循序渐进的练习才能学会。因此，需要我们结合动作发展序列进行训练内容的设计。

（四）激励性教学原则

在儿童前期动作教学过程中需要通过激励性的语言提高儿童前期参与训练的积极性与主动性。当儿童前期在训练中出现错误时，也可以使用鼓励的方式让其做得更好。例如，当儿童前期总是出现弓背的错误动作时，教练只需要说“这个动作做得非常好，如果能抬头把后背挺直就更棒了”，儿童前期会很乐意接受这样的鼓励并做得更好。

（五）直观性教学原则

不同年龄段对事物的理解程度和表达方式也不一样，这就需要教练结合儿童前期的年龄特点循序渐进地进行动作讲解与示范教学。讲解时语言简洁、用词生动形象，可以遵循由上到下或由下到上的顺序进行动作讲解或动作示范。训练前期不要过度强调儿童前期的动作技术，引导儿童前期主要以观察和模仿教练动作为主，随着练习的深入逐渐增加动作技术或身体姿势的纠正。

（六）多样性教学原则

在儿童前期动作教学中，需要采用多种多样的练习方法手段与方法进行训练教学。在进行一项训练动作教学中，可以采用多种练习方法，如结合训练场地、使用不同形式的训练器材、采用新颖的教学形式等进行动作教学。

（七）趣味性教学原则

儿童前期对有趣的事物比较感兴趣，尤其是好玩的游戏。因此，可以将训练内容与游戏相结合，也可以将儿童前期喜欢的动画片、喜欢吃的食物等纳入训练，给训练动作起一个形象的名字，融入训练中，甚至教练使用幽默风趣的语言，都可以充分调动儿童前期训练的积极性，从而提高训练效果。

二、基本动作技能周期教学计划

儿童前期基本动作技能教学大致划分为四个阶段，共包含 34 课时的计划安排。

第一阶段的第 1 课，主要对儿童的移动动作技能、操控动作技能和控制动作技能进行测试评估。通过测评，我们能够了解儿童动作技能的发展现状，为后续的教学计划提供有效数据支持。2~9 节课，将针对儿童前期的基本动作模式和基本动作技能进行初级的技能发展训练。训练的重点是帮助儿童在原地、静态的状态下掌握基本动作技能。

进入第二阶段，我们在基本动作模式和基本动作技能相结合的基础上，增加行进间、对抗和动态的教学内容。这一阶段的目的是使儿童在初级技能的基础上，逐渐提升难度和形式，实现技能的进阶发展。

第三阶段的教学重点是从基本动作模式和基本动作技能的结合过渡到基本动作技能和身体运动能力的结合。在这一阶段，我们将着重发展儿童的核心区平衡能力与核心区控制动作技能、上肢与下肢操控技能，上肢与下肢灵敏能力等。

第四阶段仍然是动作技能和身体运动能力相结合的教学周期，但锻炼内容、难度和负荷都将比第三阶段有所提升。通过这四个阶段的系统锻炼，我们将全面提高儿童前期基本动作模式与基本动作技能的有效衔接，促进其运动能力的全面发展。表 3-4-1-1 详细展示了针对儿童前期基本动作技能设计的 34 课时大周期教学计划。

表 3-4-1-1　儿童前期基本动作技能大周期教学计划

<table>
<tr><th>课程安排</th><th>课程内容组合方法</th><th>周期安排</th><th>课程阶段目标</th><th>动作技能课程教学内容</th></tr>
<tr><td>第 1 课</td><td>测试数据分析</td><td rowspan="7">第一阶段</td><td>了解儿童动作技能水平</td><td>动作技能测试</td></tr>
<tr><td>第 2 课</td><td>灵敏协调
快速力量
力量</td><td rowspan="6">1. 发展上肢与下肢操控技能，发展上肢与下肢灵敏能力
2. 发展上肢操控技能与上肢快速力量
3. 发展下肢移动技能与下肢快速力量
4. 发展下肢移动技能与下肢移动能力
5. 发展上肢与下肢动作模式，发展上肢与下肢力量
6. 发展下肢控制技能与下肢平衡能力
7. 发展核心区平衡能力与核心区控制动作技能</td><td rowspan="2">1. 原地接球
2. 站姿投网球
3. 原地纵跳、双脚并拢向前跳
4. 站姿起跑、站姿启动练习
5. 婴儿式俯卧撑、仰卧位推举
6. 双脚站体操垫
7. 虫爬</td></tr>
<tr><td>第 3 课</td><td>快速力量
速度
力量</td></tr>
<tr><td>第 4 课</td><td>灵敏协调
快速力量
力量</td><td rowspan="2">1. 踢静态球
2. 站姿单手投网球
3. 双脚并拢跳障碍
4. 站姿起跑、坐姿启动练习
5. 仰卧位推举、仰卧位下拉
6. 双脚站体操垫
7. 熊爬</td></tr>
<tr><td>第 5 课</td><td>快速力量
速度
力量</td></tr>
<tr><td>第 6 课</td><td>灵敏协调
快速力量
力量</td><td rowspan="2">1. 原地接球
2. 站姿双手推网球
3. 双脚并拢侧向跳
4. 站姿起跑、一步一格、两步一格
5. 辅助蹲
6. 抗干扰双脚站体操垫
7. 蜘蛛爬</td></tr>
<tr><td>第 7 课</td><td>快速力量
速度
力量</td></tr>
<tr><td>第 8 课</td><td>灵敏协调
快速力量
力量</td><td rowspan="2"></td><td rowspan="2"></td><td rowspan="2">1. 踢静态球
2. 双脚原地半蹲跳
3. 站姿启动练习、进进出出
4. 徒手蹲
5. 抗干扰双脚站体操垫
6. 徒手蹲
7. 虫爬、熊爬、蜘蛛爬</td></tr>
<tr><td>第 9 课</td><td>快速力量
速度
力量</td></tr>
</table>

续表

课程安排	课程内容组合方法	周期安排	课程阶段目标	动作技能课程教学内容
第 10 课	灵敏协调 快速力量 力量	第二阶段	1. 发展上肢与下肢操控技能，发展上肢与下肢灵敏能力 2. 发展上肢操控技能与上肢快速力量 3. 发展下肢移动技能与下肢快速力量 4. 发展下肢移动技能与下肢移动能力 5. 发展上肢与下肢动作模式，发展上肢与下肢力量 6. 发展下肢控制技能与下肢平衡能力 7. 发展核心区平衡能力与核心区控制动作技能	1. 行进间双手接球 2. 站姿投网球 3. 双脚向上跳落地缓冲 4. 俯卧位启动练习、加速跑练习、开合跳 5. 坐姿肩上推举 6. 抗干扰单脚站立 7. 坐姿对抗
第 11 课	快速力量 速度 力量			
第 12 课	灵敏协调 快速力量 力量			1. 踢动态球 2. 站姿单手投网 3. 双脚向上跳落地缓冲 4. 摆臂练习、军步走、双脚单次连续并拢跳 5. 坐姿水平拉、负重蹲 6. 抗干扰单脚站立 7. 坐姿对抗
第 13 课	快速力量 速度 力量			
第 14 课	灵敏协调 快速力量 力量			1. 行进间双手接球 2. 站姿双手推网球 3. 双脚跳下落地缓冲 4. 军步走、双脚两次连续并拢跳、正方形跑 5. 坐姿水平推 6. 走平衡木 7. 坐姿对抗
第 15 课	快速力量 速度 力量			
第 16 课	灵敏协调 快速力量 力量			1. 踢动态球 2. 双脚跳下落地缓冲 3. 绳梯直线组合动作练习 4. 负重蹲 5. 走平衡木 6. 坐姿对抗
第 17 课	快速力量 速度 力量			

续表

<table>
<tr><th>课程安排</th><th>课程内容组合方法</th><th>周期安排</th><th>课程阶段目标</th><th>动作技能课程教学内容</th></tr>
<tr><td>第 18 课</td><td>灵敏协调
快速力量
力量</td><td rowspan="6">第三阶段</td><td rowspan="6">1. 发展上肢与下肢操控技能，发展上肢与下肢灵敏能力
2. 发展上肢操控技能与上肢快速力量
3. 发展下肢移动技能与下肢快速力量
4. 发展下肢移动技能与下肢移动能力
5. 发展上肢与下肢动作模式，发展上肢与下肢力量
6. 发展下肢控制技能与下肢平衡能力
7. 发展核心区平衡能力与核心区控制动作技能</td><td rowspan="2">1. 击打静态物体
2. 站姿投网球
3. 双脚向前跳
4. 加速跑练习、垫步、侧向两步一格
5. 婴儿式交替俯卧撑
6. 抗干扰单脚站立
7. 跪姿平板撑、静态臀桥</td></tr>
<tr><td>第 19 课</td><td>快速力量
速度
力量</td></tr>
<tr><td>第 20 课</td><td>灵敏协调
快速力量
力量</td><td rowspan="2">1. 击打静态物体
2. 站姿单手投网球
3. 双脚侧向跳
4. 加速跑练习、高抬腿、侧向进进出出
5. 坐姿交替下拉
6. 抗干扰单脚站立
7. 跪姿平板撑、静态臀桥</td></tr>
<tr><td>第 21 课</td><td>快速力量
速度
力量</td></tr>
<tr><td>第 22 课</td><td>灵敏协调
快速力量
力量</td><td rowspan="2">1. 双手拍球
2. 站姿双手推网球
3. 助跑跨跳
4. 正方形跑、绳梯侧向组合动作练习
5. 交替蹬跳箱
6. 走平衡木
7. 跪姿平板撑、静态臀桥、静态屈膝侧桥</td></tr>
<tr><td>第 23 课</td><td>快速力量
速度
力量</td></tr>
<tr><td>第 24 课</td><td>灵敏协调
快速力量
力量</td><td rowspan="2"></td><td rowspan="2"></td><td rowspan="2">1. 踢动态球
2. 助跑跨跳
3. 折返跑、X 型跑
4. 交替弓步走
5. 走平衡木
6. 跪姿平板撑、静态臀桥、静态屈膝侧桥</td></tr>
<tr><td>第 25 课</td><td>快速力量
速度
力量</td></tr>
</table>

续表

<table>
<tr><th>课程安排</th><th>课程内容组合方法</th><th>周期安排</th><th>课程阶段目标</th><th>动作技能课程教学内容</th></tr>
<tr><td>第 26 课</td><td>灵敏协调
快速力量
力量</td><td rowspan="9">第四阶段</td><td rowspan="8">1. 发展上肢与下肢操控技能，发展上肢与下肢灵敏能力
2. 发展上肢操控技能与上肢快速力量
3. 发展下肢移动技能与下肢快速力量
4. 发展下肢移动技能与下肢移动能力
5. 发展上肢与下肢动作模式，发展上肢与下肢力量
6. 发展下肢控制技能与下肢平衡能力
7. 发展核心区平衡能力与核心区控制动作技能</td><td rowspan="2">1. 单手拍球
2. 站姿投网球
3. 连续跨跳
4. 加速跑练习
5. 仰卧位交替推举、坐姿水平交替拉
6. 单脚站立
7. 跪姿平板撑、静态臀桥、静态屈膝侧桥</td></tr>
<tr><td>第 27 课</td><td>快速力量
速度
力量</td></tr>
<tr><td>第 28 课</td><td>灵敏协调
快速力量
力量</td><td rowspan="2">1. 单手拍球
2. 站姿单手投网球
3. 交替跨跳
4. 加速跑练习、正方形跑
5. 坐姿交替肩上推举、坐姿水平交替拉
6. 单脚站立
7. 跪姿平板撑、静态臀桥、静态屈膝侧桥</td></tr>
<tr><td>第 29 课</td><td>快速力量
速度
力量</td></tr>
<tr><td>第 30 课</td><td>灵敏协调
快速力量
力量</td><td rowspan="2">1. 踢动态球
2. 站姿双手推网球
3. 单脚跳
4. 多组折返跑
5. 辅助蹲
6. 抗干扰单脚站立
7. 跪姿平板撑、静态臀桥、静态屈膝侧桥</td></tr>
<tr><td>第 31 课</td><td>快速力量
速度
力量</td></tr>
<tr><td>第 32 课</td><td>灵敏协调
快速力量
力量</td><td rowspan="2">1. 单手拍球
2. 连续单脚跳
3. 加速跑练习、X 型跑
4. 辅助蹲
5. 走平衡木
6. 跪姿平板撑、静态臀桥、静态屈膝侧桥</td></tr>
<tr><td>第 33 课</td><td>快速力量
速度
力量</td></tr>
<tr><td>第 34 课</td><td>测试数据分析</td><td>对儿童训练效果进行检测</td><td>动作技能测试</td></tr>
</table>

思考与实践

（1）上肢与下肢基本动作模式有哪些？

（2）根据本任务提供的基本动作模式教学方案进行模拟实操教学。

（3）基本动作技能分为哪几类？

（4）根据本任务的动作技能教学方案，抽取任一主题进行实操教学。

项目四　儿童后期基本运动技能发展指导

思政园地

党的二十大报告指出，要广泛开展全民健身活动，加强青少年体育工作，促进群众体育和竞技体育全面发展，加快建设体育强国。蔡元培先生曾经提出“完全人格，首在体育”的理论。对于儿童青少年而言，体育不仅能强身健体，还能培养品德、塑造人格及增强毅力。在当今中小学生人格培养方面，除了树立“五育并举”的导向，还应积极发挥体育教学的育人功能，使体育教学成为新时代教育改革的重要平台和抓手，多措并举，形成各方合力，不断加强体育锻炼，稳步提升青少年体质健康。

为贯彻落实党的十八大和十九大精神，落实全国教育大会部署，全面落实立德树人的根本任务，进一步深化体育教学改革。教育部于 2021 年 6 月发布了《体育与健康教学改革指导纲要（试行）》的通知，旨在更好地帮助学生在体育锻炼中“享受乐趣、增强体质、健全人格、锤炼意志”，促进青少年学生身心健康全面发展。另外，教育部于 2022 年 3 月发布了《义务教育课程方案和课程标准（2022 年版）》的通知，其中《体育与健康》新课标强调培养学生通过体育运动提高全身健康素质，建立健康的生活方式，提高健康质量。培养学生的体育技能，增强完成体育任务的能力，提高全面发展的体育能力。培养学生参与全民体育活动，感受体育带来的快乐，了解全民体育的价值等。

基于儿童各年龄段动作发展、体能发展和心理发展规律，各类动作在不同年龄段按照难度和锻炼方式逐步进阶。基本运动技能主要包括中小学生在行走、奔跑、跳跃、投掷、滚翻、攀爬、钻越、支撑、悬垂、旋转等方面的动作发展内容，形成各年龄段固定的基本运动技能锻炼内容。通过锻炼，学生在不同学段都具备相应的基本运动能力水平，为日常生活和专项运动技能的学习奠定扎实基础并提供重要保障。通过新的教学观念、优化的教学内容、创新的教学和完善的教学评价，鼓励儿童后期参与体育活动、感受体育快乐，也充分践行立德树人，培养学生的爱国情怀、社会责任感、良好的个人品质，以及不畏困难、不怕吃苦、不惧失败的意志品质。

项目导入

儿童后期的基本运动技能发展阶段，是在儿童前期基本动作技能发展的基础上，在掌握精细动作技能和粗大动作技能后进行的基本运动技能阶段的学习。通过学习跑、跳、投、爬、蹲等运动技能，提高儿童相关的运动技能水平，为各专项运动中与运动技能相关的基本动作和运动表现奠定基础。因此，在指导儿童后期运动技能时，应遵循运动技能发展规律和发展原则，科学合理地开展运动技能教学指导，在教学的过程中帮助儿童掌握后期基本运动技能、培养良好的运动兴趣，塑造体育品德意识和精神。

任务一　儿童后期基本运动技能相关知识认知

儿童后期是指学龄阶段，主要指小学期间，大约在 7~12 岁，了解儿童后期相关知识是开展运动技能教学的前提，是开展运动技能教学时必须进行的学情分析。儿童后期相关知识主要指和儿童身心发展的相关知识，一是身体发育规律，包括身高体重发育规律、骨骼关节发育规律、呼吸循环系统发育规律以及神经系统发育规律，二是心理认知发展规律。只有在深入了解儿童后期身心发展的相关知识，才能更好地设计运动技能教学方案，才能更好地进行运动技能教学指导，才能在教学的过程中更好地把握练习内容、练习负荷、游戏和比赛形式，并进一步提出思考和实践的问题。

学习任务

（1）能结合儿童后期的身心发展规律，科学规范指导儿童运动技能学习。

（2）能根据基本运动技能发展规律制定相应的锻炼计划。

学习目标

知识目标

（1）熟悉儿童后期不同阶段身心发展规律的特点。

（2）掌握儿童后期基本运动技能的发展原则与规律。

能力目标

（1）能结合儿童后期身心发展规律指导动作技能教学实践。

（2）能结合儿童后期认知心理发育规律培养良好的沟通能力和教学技巧。

（3）能根据基本运动技能规律指导教学。

素养目标

（1）培养学生具备良好的体育职业规范。

（2）培养学生在教学过程中精益求精的工匠精神，认真严谨的教学态度。

（3）培养学生具备良好的职业素养和劳动精神，在训练过程中关爱儿童，注重儿童运动习惯和健全人格的养成。

子任务一　儿童后期身心发展规律解析

儿童后期身心发展规律主要从身体发育、认知和心理发展规律方面进行阐述，了解和掌握儿童后期身心发展规律，有助于体育老师或教练制定更具针对性的训练计划，进而更好地实现不同阶段的训练目标。

一、身体发育规律

（一）身高体重发育规律

身高不像体重可以随着年龄的变化增加或者减少，身高发育具有一定的年龄限制，儿童的生长发育是一个持续性、阶段性变化的过程，在不同年龄段增长速率是不同的。

总体来说，儿童的身高增长有两个突增期，一是在儿童前期，出生后的一年身高增长加快，也就是第一个生长高峰。到儿童后期身高增长速度发展缓慢，此阶段为稳定期，身高曲线呈一条直线。到青春期时，身高增长再次加快，为第二个突增期。但男女身高增长存在差异，女孩在 9~11 岁时，月经初潮之前，身高增长以每年 8 cm 的速度增加。男孩在 11~13 岁时，睾丸增大后，身高每年增长 9 cm。身高增长速度峰值后逐渐减慢，直到成人阶段，身高增长就会终止。

身高增长峰值是衡量青少年体格成熟的主要标志，如图 4-1-1-1 所示，在儿童后期，10 岁之前男女身高体重的差异不明显，这是因为女性的性成熟期较男孩开始的早，体重和身高一开始会超过男孩。到 15 岁以后，被男孩超过，因此在身高和体重的生长曲线上会出现两个交叉。此外，在儿童后期，7 岁前上下肢长度差不多，下肢会在青春期开始快速发育，在整个发育过程中，头、躯干、上下肢成倍增长，一直到成年发育结束。

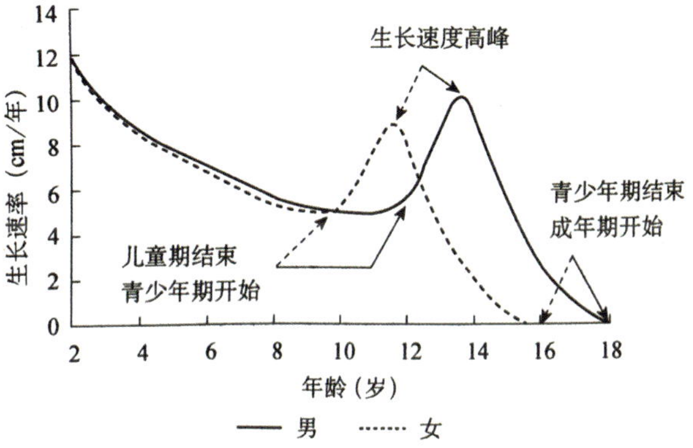

图 4-1-1-1　儿童身高生长曲线图

（二）骨骼关节发育规律

随着年龄的增加，儿童骨骼在不断地发展，身体发育的同时，骨骼长度不断增加、不断钙化，最终骨骼会变得坚硬，到 10 岁左右才能完成全部钙化的过程。在儿童后期 9 岁左右时，手部肌肉发育才逐渐完善。此时，儿童能够做出精细动作，并且较为准确。

在儿童后期身体发育过程中，关节面相对较厚，关节囊及韧带的伸展性大，关节周围的肌肉细长，关节活动角度大于成人，柔韧性好，但是牢固性差，在外力作用下容易脱位，尤其是肩关节。因此，在体育教学中要格外注意。根据骨骼和关节的发育特点，在教学中应注意以下三点问题。

1. 良好的体态

保持良好的体态非常重要，儿童骨骼承受的压力和肌肉拉力相比成人差，如果长期处于不良姿态下，身体关节和肌肉容易出现代偿，后果非常严重。儿童后期（7-13 岁）正处于小学阶段，在体育教学中应该重视儿童身体姿态的练习，设计儿童身体素质评估表，评估内容要包括儿童身体姿态的评估，包括高低肩、上下交叉综合征、脊柱侧弯、膝盖内扣、双脚过渡外八、脚外翻等等。如果出现以上姿态不良的症状，要及时进行纠正练习。

2. 力量练习以自重为主

有相关研究显示，儿童后期可以进行适当的力量练习，因为骨骼和关节的生理原因，儿童后期进行力量练习时要以自重为主，而且需要在教练或老师的指导下进行，这非常重要。错误的力量练习容易造成儿童脊柱侧弯、双腿畸形，影响骨骼的发育。

3. 预防关节损伤的发生

在儿童后期发展柔韧素质时，要有合适的练习方法，静力性拉伸时间不要过长，避免长期的弹振式拉伸和被动拉伸。如果发现儿童腰、膝和肘部疼痛，要及时进行诊断评估，防止损伤发生。

（三）呼吸循环系统发育规律

呼吸循环系统包括鼻、咽、喉、气管、支气管、肺部等器官，人体有两种呼吸方式，胸式呼吸和腹式呼吸，儿童在 7 岁时呼吸方式逐渐由腹式呼吸变成胸式呼吸，呼吸频率达到 20 次/min。儿童心脏在 7 岁前和青春期发育最快，7 岁时心脏容积增到 100~110 ml，然后减缓，心脏的弹性纤维增加，但无氧功能系统发育尚未完好。因此，该阶段学生在练习时，多采用有氧练习方式，减少发展无氧供能练习，而且在练习时不要憋气、少做剧烈运动，以免引起缺氧反应。

（四）神经系统发育规律

儿童后期神经系统结构发育基本成熟，脑重量会逐年增加，一直到 8 岁时，脑重量达 1400 g 左右，接近于成人的水平。此时神经系统的功能尚未达到成人水平，随着年龄的增加，神经细胞的体积会增大，细胞之间的轴突和树突之间的联系会更加紧密，出现新的神经环路，青少年脑发育、视听器官发育、脊髓及神经发育只有一个生长爆发期。

大脑分为两个半球，其左右功能也各有区分，大脑发育在 12 岁达到成人水平。小脑的主要功能是调节躯体运动，维持身体平衡和协调。神经系统的协调发展在青春期左右已经到了非常发达的程度，之后便是脑部结构功能复杂化过程以及神经纤维不断增多并建立广泛控制的过程。这可以给我们带来训练启示，儿童期神经发育先行，协调控制优先，在教学内容设计上要围绕以上要点进行。

二、认知能力和心理能力发展规律

（一）认知能力发展规律

根据皮亚杰（瑞士）儿童和青少年的认知发展四个阶段，儿童后期主要属于具体运算阶段，该阶段儿童已经获得了认知操作能力，其认知结构已经发生了重组和改善，思维具有一定的弹性和可逆性，能够很好地理解数量关系和逻辑关系，具备心理排序能力，能够运用逻辑推理而非错误的表象来思考事物得出结论，但是在儿童后期其思维仍需要具体事物的支持，还不能很好的完全进行抽象逻辑思维。

（二）心理能力发展规律

1. 自我意识

自我意识是个体对自身心理、生理和社会功能状态的知觉与主观评价，它涵盖了人在实践中对自己以及与自然、他人和社会等关系的意识活动。

儿童后期的自我意识发展仍处于客观化时期，并受到多种因素的影响。家庭环境对儿童后期自我意识的发展具有重要影响。良好的亲子交往能让孩子产生安全感，并将家庭环境中习得的人际交往方式和伦理规范扩展到社会环境中，从而迅速发展与其他人的关系，促进自我意识的发展。小学是儿童后期融入社会的第一个大环境，老师对待学生的态度与方式、师生关系、在校表现和学生学业成绩等因素，对学生自我意识的形成与发展也具有至关重要的作用。同伴在儿童后期人格的形成和发展中同样具有不可忽视的影响力。孩子们会根据同伴的看法和反应来反观自己，重新定义和评价自己。在同伴的相互作用中，学生获得关于自己如何被他人知觉的信息，进而不断地认识自我和评价自我，使自我概念得以发展。

此外，疾病也会影响儿童后期自我意识的发展，如儿童精神分裂症、单纯性肥胖、学习障碍等。因此，在儿童成长过程中，家长和教师应有意识地关注儿童自我意识的发展。一旦出现类似情况，应及早干预并积极治疗，以确保儿童的健康成长。

2. 注意力的发展

在儿童后期，由于小学阶段儿童心理、生理发育还未成熟，所以在注意力方面的发展特点经常是无意注意占主导地位，特别容易受外界环境因素以及外界事物的影响。

小学低年级儿童的注意力范围较狭窄，广度和深度较小，而且注意力的持续时间较短而且不稳定，还会受到儿童情绪波动变化的影响。到高年级时注意力逐渐转好，持续时间较长，但是在进行体育锻炼时仍需要趣味性的练习吸引注意力。因此，小学阶段儿童在课堂上经常会出现走神、做小动作、发呆、违反纪律等影响学习效果的行为。

儿童注意力发展存在以下特征。

（1）注意力时间短。教师在教学的前 5~10 分钟，学生注意力较为集中，这时教学效果也较好。超过 10 分钟后，低年级阶段的学生就会出现注意力分散和转移，部分学生会出现走神、发呆、乱动的行为。

（2）注意力不集中。有意注意为主，无意注意较为被动，课堂上一些无关紧要的事，或者突然提到某个事时，学生就会非常兴奋，完全忘记了自己的学习任务，极其容易受到外界环境的影响和刺激，从而导致注意力的不集中。

（3）注意力水平有一定限度。在课堂上往往表现出无意识的违反课堂纪律，比如和同桌小声说话，前后交头接耳等，老师反复提醒后学生依然没有改变，反而老师被气得暴跳如雷，这其实是学生学习目的不明确、学习动机不强、注意力水平有限导致的。

（4）注意力带有情绪色彩，受情绪影响。该阶段学生注意力还会受到情绪的影响，良好的情绪会提高小学生的注意力发展，帮助学生集中注意力，有利于课堂的持续学习。相反，如果儿童情绪不良，容易造成注意力分散和转移，影响学习效果。

3. 记忆与思维

在儿童后期，有意记忆和无意记忆均持续发展。特别是 9 岁以后，无意记忆的发展速度开始减缓，而有意记忆的发展速度加快，随着年龄的增长，这两者之间的差距会逐渐加大。

7~8 岁时，儿童的记忆效率与前期相比能提升 1 倍以上。这一阶段的儿童记忆方式展现出明显特征，有意识的记忆、理解式记忆和抽象记忆开始占据主导地位。

思维方式的发展通常遵循从具体到抽象的过程。在儿童后期，他们开始逐步过渡到抽象思维，但这一过渡依然依赖具体形象为基础，并在此基础上发展抽象思维。随着不断学习和积累知识，儿童后期的记忆和思维能力会得到丰富和提升，他们脑海中的概念知识会日益增多，分析能力也会增强。此外，他们还能进行一些较为简单的联想、推理、概括和归纳等思维活动。

4. 情感与社交

儿童后期的情感与社交发展可分为 3 个层次。低年级学生的情感具有情绪化、不稳定和懵懂的特点，但随着在学校的学习和年龄的增长，他们对情感的控制会逐渐增强。同时，由于长时间与同学的沟通交流，儿童的社交圈也会逐渐扩大。无论是在班级还是家庭中，他们都会表现出一定的责任感和荣誉感，并具备与同学合作的情感。该阶段学生的情感和社交发展存在以下特征。

（1）依从性随年龄变化。

在刚入学时，儿童第一次在没有家长监护的情况下与他人一起生活学习。这时，学生会把老师视为非常重要的人，并非常听话，严格遵守老师的指示。然而，随着年龄的增长，个人性格逐渐显现，有些学生会犯一些小错误，即使在老师提醒后，仍然会屡次犯错。面对这种情况，教师应保持耐心，因势利导。

（2）从无条件合作到受个人情绪、需求影响。

在老师的班级组织管理下，学生会逐渐形成小组意识。老师分配好小组后，他们会非常认真地交流和沟通。然而，随着年龄的增长，小组间的合作会受到个人对他人的喜好程度以及不同性格的影响，这种影响在越高的年级中越为明显。

（3）自我评价与自尊。

儿童的自我评价是他们对自身的一种价值判断，而自尊则涉及对自身行为方式和表现的总体评价。小学生的自尊具有不稳定的特点，并且在不同年级和性别之间存在显著差异。通常，女生在自尊方面所表现出的成就感和乐于助人的倾向要高于男生。影响自尊的因素有很多，主要包括个人、家庭、学校和社会等。家庭是儿童最初接触并习得知识、行为和道德规范的重要场所，因此家庭因素必然会对儿童自尊的形成与发展产生深远影响。父母的正确引导和教育对于促进儿童自尊的发展、提升其自尊水平具有至关重要的作用。此外，儿童在学校的学习效果、进步速度以及情绪状态也会对其自尊的发展产生影响。因此，教师和家长应密切关注儿童的学习和情感状态，及时提供必要的支持和帮助，以促进其自尊的健康发展。

子任务二　儿童后期基本运动技能发展规律探究

一、基本运动技能发展分类

基本运动技能是我国《义务教育阶段体育与健康课程标准》(2022年版)中新加入的内容,围绕基本动作技能中粗大动作技能进行详细讲解,项目四主要就运动中的跑、跳、投掷、爬、蹲等基本运动技能展开讲解。儿童后期的基本运动技能发展是儿童前期基本动作技能发展的进阶,也为青少年时期身体素质发展奠定基础,起着承上启下的作用。针对不同运动技能,在练习时要遵循由易到难,由单方向到多方向,由单关节到关节链再到复合动作的练习原则,使儿童后期能够科学地、循序渐进地掌握基本运动技能。

1. 跑

(1)跑的基本动作模式。

(2)衍生运动技能-各种方式的跑。

2. 跳

(1)跳的基本动作模式。

(2)衍生运动技能-各种方式的跳。

3. 投掷

(1)投掷的基本动作模式。

(2)衍生运动技能-各种方式的投掷。

4. 爬

(1)爬的基本动作模式。

(2)衍生运动技能-各种方式的爬。

5. 蹲

(1)蹲的基本动作模式。

(2)衍生运动技能-各种方式的蹲。

二、基本运动技能发展规律

基本运动技能是儿童青少年进行各项身体活动的基础,通常在儿童时期开始发展,基本运动技能也是专项运动技能发展的前提。儿童后期进行基本运动技能练习时也要遵循一定的发展规律,首先要建立基本的动作模式,在此基础之上发展并逐步形成基本运动技能,最后学习较为复杂的运动技能,为专项运动奠定基础。

(一)建立基本动作模式

依据项目三基本动作模式概念的阐述,人类身体活动中有十个基本动作模式,而为了便于方案设计和运动训练,又将基本动作模式分为上肢基本动作模式和下肢基本动作模式两类。

基本动作模式与基本运动技能在动作学习和发展中紧密相连,二者关系主要体现在以下三个方面。

第一,动作模式是学习运动技能的基石,构成了运动技能的初级阶段。运动以技术为核心,技术以动作为核心,动作以姿态为核心,而姿态则源于动作模式。换言之,动作模式在运动技能学习过程中起着至关重要的作用。

第二,动作模式是构成基本运动技能的基本单元。多个动作模式在运动空间内的组合形成了基本运动技能。只有掌握了多种动作模式并熟练运用,才能开始系统地学习并掌握基本运动技能。动作模式的建立有助于综合性学习,在基本动作模式的基础上进行学习,能够使个体更全面综合地发展运动技能,从而提升运动表现。

第三,正确的动作模式对预防运动损伤至关重要。通过建立正确的动作模式,人体能够营造一个良好的力学环境,使组织适应运动状态,从而在练习蹲、跑、跳、投等动作时有效规避因错误的力线而导致的潜在损伤风险。例如,下蹲时膝关节内扣可能会对膝盖造成不良影响,而正确的动作模式则有助于避免这种风险。

(二)学习基本运动技能

在遵循科学的发展规律的前提下,儿童在建立和掌握基本动作模式后,便可以开始系统地学习基本运动技能。以基本运动模式为基础,儿童能够更快速地掌握基本运动技能,并有效预防运动损伤。人类动作模式和技能层次结构可参见图 4-1-2-1。

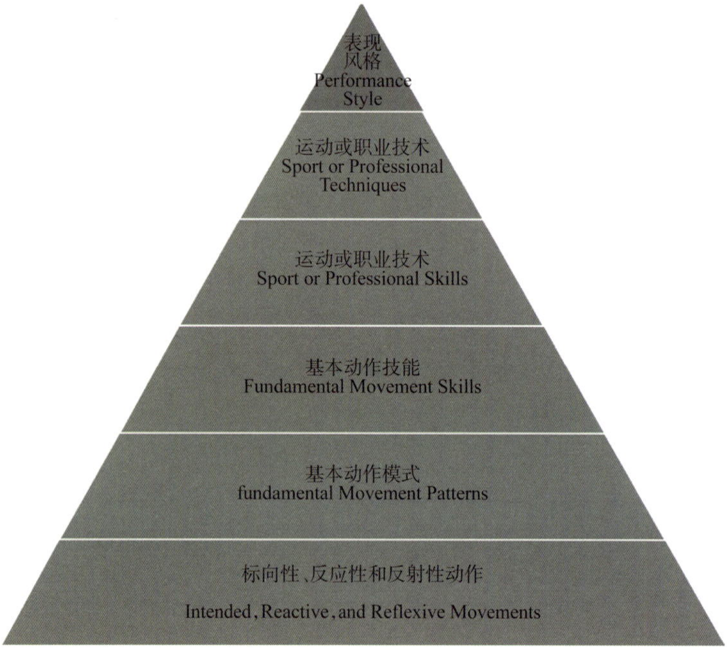

图 4-1-2-1　人类动作模式和技能层次结构

基本运动技能的学习也存在进阶过程。初始阶段,儿童学习的运动技能方向较为单一,如向前跑、向前投掷、向前爬行、原地蹲起等。这些单一运动技能的学习是为后续阶段打下坚实基础。

（三）形成基本运动技能

通过学习，儿童逐渐掌握基本运动技能，并开始学习多方向的运动技能。例如，向前跑动、向左跑动、旋转投掷、侧向攀爬、左右两侧跳等，这些都属于由一维到多维的复杂运动。在这个阶段，儿童需要进行多方向、多维度的运动练习，以发展灵敏协调、动作速度、移动速度和反应速度，以及空间感知能力。这对儿童后期运动技能的提高具有重要意义。在进行基本运动技能学习时，指导者应给予适当的指导，组织科学有序的练习，并严格监控负荷，以避免运动损伤的发生。

（四）发展复合运动技能

在建立基本运动模式并学习形成基本运动技能后，儿童便具备了发展复合型运动技能的基础。因此，在指导者的引导下，儿童可以开始系统地学习复合型的运动技能。这个阶段的学习会更为复杂，与儿童前期的动作技能不同，它会将蹲、跑、跳、投、攀爬等多种动作结合在一起，以多维度的方式呈现。这个阶段更加强调儿童在完成复合动作时的动作速度、反应速度以及动作表现等方面。通过这一阶段的练习，可以使儿童的动作更为敏捷、反应和移动更加迅速，同时提高上下肢的协调性和核心力量。

思考与实践

（1）思考基本运动技能发展规律包括哪些？

（2）思考基本运动技能分为哪几类？

（3）结合动作技能发展模型，制定运动技能周期训练计划。

任务二 儿童后期运动技能测试与评估

儿童后期运动技能测试与评估
教学动作演示视频

我们需遵循儿童身心发展和动作发展的规律和原则，在基本运动技能教学指导前，对儿童后期的蹲、跑、跳、投掷、爬等基本运动技能进行系统的测试与评估。通过依据测评标准的测试结果，我们可以全面了解儿童后期基本运动技能的能力水平，进而提出针对性地提升建议，为后续的教学指导和训练计划的制定提供科学依据。

学习任务

（1）能正确应用测试评估方法对基本运动技能进行评估。

（2）能对评估结果进行分析，指出问题，为训练计划制定提供依据。

学习目标

知识目标

（1）掌握运动技能评估的方法和流程。

（2）掌握运动技能测试评分标准。

（3）熟悉每个评估方法的意义和注意事项。

能力目标

（1）能正确运用评估方法对运动技能进行评估。

（2）能根据评估结果进行解读分析，并找到问题所在。

（3）根据评估结果，设计解决方案，使儿童在学练中得到改善和提高。

素养目标

（1）培养学生乐于学习，严谨认真的学习态度。

（2）培养学生精益求精的工匠精神。

（3）培养学生良好沟通、小组合作、勇于拼搏的精神品质。

儿童后期运动技能测试与评估包括六项，分别为深蹲、10 m × 2 往返跑、立定跳远、网球投掷、双脚连续跳、50 m 跑。

一、深蹲

深蹲测试采用的是功能性动作质量筛查（FMS）中的第一个测试动作。深蹲测试可以评估肩关节、髋关节、膝关节和踝关节的灵活性与核心稳定性。同时，深蹲动作还可用于评估完成动作时髋、膝、踝相邻关节的力线结构以及神经肌肉控制能力。

（一）测试目的

（1）可以非常全面地展示儿童下肢的灵活性，姿势的控制能力和核心的稳定性。

（2）非常考验儿童的全身力量和神经肌肉控制的能力。

（3）双手举长杆过头顶的动作，还可以测试儿童肩关节、肩胛骨、胸椎的灵活性和稳定性。

（二）测试方法与流程

（1）被测试者双脚间距与肩同宽站立，双足中立位。

（2）将长杆置于头顶，调整双手位置，肘关节与杆呈 90°。

（3）将长杆举过头顶，双臂完全伸直，缓慢下蹲至尽可能低的位置，保持后脚跟着地，抬头挺胸，长杆尽可能高地举过头顶，双膝与双足在同一平面内，不能膝外翻。

（4）在最低点保持 1 s，然后回到原来的站立姿势。

（三）测试评分标准

1.FMS 深蹲 3 分标准

如图 4-2-1-1 所示。

图 4-2-1-1　深蹲 3 分标准

（1）躯干与胫骨平行或趋于与地面垂直。
（2）股骨低于水平面以下。
（3）关节活动轨迹没有在双脚内侧。
（4）长杆在双脚正上方保持水平。

2.FMS 深蹲 2 分标准

如图 4-2-1-2 所示。

图 4-2-1-2　深蹲 2 分标准

（1）躯干与胫骨平行或趋于与地面垂直。
（2）股骨低于水平面以下。
（3）关节活动轨迹没有在双脚内侧。
（4）脚跟抬高。

3.FMS 深蹲 1 分标准

如图 4-2-1-3 所示。

图 4-2-1-3　深蹲 1 分标准

（1）躯干与胫骨不平行。
（2）股骨不在水平面以下。
（3）膝关节活动轨迹在双脚内侧。

(4)长杆保持在双脚正上方。

二、10 m×2 往返跑

(一)测试目的

测试儿童的灵敏性,急停和变向能力。

(二)测试方法与流程

儿童至少 2 人一组,每位儿童保持两腿前后开立,站在起跑线后。当听到起跑信号后,立即起跑,直奔折返线,用手触摸到物体(木箱或墙壁)后返回,直奔起跑线。测试成绩标准如表 4-2-1-1 所示。

表 4-2-1-1　10 m×2 往返跑成绩标准(s)

年龄	5 分		4 分		3 分		2 分		1 分	
	男	女	男	女	男	女	男	女	男	女
3 岁	<8.0	<8.2	8.0~8.9	8.2~9.3	9.1~10.2	9.4~10.5	10.3~12.8	10.6~13.4	12.9~15.8	13.5~16.8
3.5 岁	<7.5	<7.7	7.5~8.3	7.7~8.6	8.4~9.4	8.7~9.7	9.5~11.3	9.8~12.0	11.4~14.0	12.1~14.9
4 岁	<6.9	<7.2	6.9~7.6	7.2~8.0	7.7~8.5	8.1~9.0	8.6~10.1	9.1~10.8	10.2~12.4	10.9~13.2
4.5 岁	<6.7	<7.0	6.7~7.2	7.0~7.6	7.3~8.0	7.7~8.5	8.1~9.7	8.6~10.2	9.8~11.8	10.3~12.4
5 岁	<6.4	<6.7	6.4~6.9	6.7~7.2	7.0~7.6	7.3~8.0	7.7~8.9	8.1~9.6	9.0~10.3	9.7~11.2
5.5 岁	<6.2	<6.4	6.2~6.7	6.4~6.9	6.8~7.3	7.0~7.6	7.4~8.5	7.7~9.0	8.6~10.0	9.1~10.5
6 岁	<5.8	<6.1	5.8~6.2	6.1~6.5	6.3~6.8	6.6~7.2	6.9~7.9	7.3~8.5	8.9~9.4	8.6~10.2

注:国民体质测定标准(2023 年修订)幼儿部分

三、立定跳远

(一)测试目的

主要反映儿童下肢的爆发力。

(二)测试方法与流程

儿童两脚自然分开,站立在起跳线后,然后摆动双臂,用力向前跳。

测试成绩标准如表 4-2-1-2 所示。

表 4-2-1-2　立定跳远成绩标准(m)

年龄	5 分		4 分		3 分		2 分		1 分	
	男	女	男	女	男	女	男	女	男	女
3 岁	>76	>71	76~59	71~55	58~43	54~40	42~30	39~29	29~21	28~21
3.5 岁	>84	>81	84~70	81~65	69~53	64~50	52~35	49~34	34~27	33~25
4 岁	>95	>89	95~80	89~74	79~65	73~60	65~47	59~44	46~35	43~32
4.5 岁	>102	>96	102~89	96~81	88~73	80~68	72~55	67~50	54~40	49~40

续表

年龄	5分		4分		3分		2分		1分	
	男	女	男	女	男	女	男	女	男	女
5岁	>110	>102	110~96	102~89	95~80	88~75	79~65	74~60	64~50	59~50
5.5岁	>119	>109	119~103	109~96	102~90	95~82	89~70	81~66	69~56	65~54
6岁	>127	>116	127~111	116~101	110~95	110~87	94~79	86~71	78~61	70~60

注：国民体质测定标准（2023年修订）幼儿部分

四、网球投掷

（一）测试目的

反映儿童上肢和腰腹肌肉力量。

（二）测试方法与流程

儿童站在投掷线后，两脚前后分开，单手（右手）持球，将球从肩上方投出，出手时后脚可以向前迈出一步，但不能踩线或过线。测试成绩标准如表4-2-1-3所示。

表4-2-1-3　网球掷远成绩标准（m）

年龄	5分		4分		3分		2分		1分	
	男	女	男	女	男	女	男	女	男	女
3岁	>5.5	>5.0	5.5~4.0	5.0~3.5	3.5~3.0	3.0~2.5	2.5~2.0	2.0~1.5	1.5	1
3.5岁	>5.5	>5.0	5.5~4.5	5.0~4.0	4.0~3.0	3.5~3.0	2.5~2.0	2.5~2.0	1.5	1.5
4岁	>6.0	>5.0	6.0~5.0	5.0~4.5	4.5~4.0	4.0~3.5	3.5~3.0	3.0~2.5	2.5~2.0	2
4.5岁	>8.0	>5.5	8.0~6.5	5.5~4.5	6.0~4.5	4.0~3.5	4.0~3.0	3.0~2.5	2.5	2
5岁	>9.0	>8.5	9.0~7.5	8.5~6.0	7.0~5.5	5.5~4.5	5.0~4.0	4.0~3.5	3.5~3.0	3.0~2.5
5.5岁	>10.0	>8.5	10.0~8.0	8.5~6.5	7.5~6.0	6.0~5.0	5.5~4.0	4.5~3.5	3.5~3.0	3
6岁	>12.0	>8.0	12.0~9.5	8.0~6.5	9.0~7.0	6.0~5.0	6.5~4.5	4.5~3.5	4.0~3.5	3

注：国民体质测定标准（2023年修订）幼儿部分

五、双脚连续跳

（一）测试目的

反映儿童协调性和下肢肌肉力量。

（二）测试方法与流程

儿童两脚并拢站在起跳线后，听到“开始”的口令后，双脚起跳，连续跳过10个软方包后停止，起跳线距第1个软方包0.2 m，软方包间距0.5 m。测试成绩标准如表4-2-1-4所示。

表 4-2-1-4　双脚连续跳成绩标准（s）

年龄	5分		4分		3分		2分		1分	
	男	女	男	女	男	女	男	女	男	女
3岁	<6.6	<7.1	6.6~9.1	7.1~9.7	9.2~13.0	9.8~13.4	13.1~19.6	13.5~20.0	19.7~25.0	20.1~25.9
3.5岁	<6.1	<6.2	6.1~8.2	6.2~8.4	8.3~11.1	8.5~11.2	11.2~16.9	11.3~17.0	17.0~21.8	17.1~21.9
4岁	<5.6	<5.9	5.6~7.0	5.9~7.3	7.1~9.1	7.4~9.5	9.2~13.1	9.6~13.4	13.2~17.0	13.5~17.2
4.5岁	<5.3	<5.5	5.3~6.4	5.5~6.7	6.5~8.1	6.8~8.5	8.2~11.2	8.6~11.9	11.3~14.5	12.0~14.0
5岁	<5.1	<5.2	5.1~5.9	5.2~6.1	6.0~7.2	6.2~7.5	7.3~9.8	7.6~10.0	9.9~12.5	10.1~12.7
5.5岁	<4.9	<4.9	4.9~5.6	4.9~5.7	5.7~6.8	5.8~6.9	6.9~9.3	7.0~9.2	9.4~11.9	9.3~11.5
6岁	<4.4	<4.6	4.4~5.1	4.6~5.2	5.2~6.1	5.3~6.2	6.2~8.2	6.3~8.3	8.3~10.4	8.4~10.5

注：国民体质测定标准（2023 年修订）幼儿部分

六、50 m 跑

（一）测试目的

小学阶段国家体质监测项目中（7~9 岁）包括 50 m 跑。50 m 跑是跑的基本运动技能之一，通过这项测试可以了解儿童的跑步动作模式、上下肢协调性、下肢力量以及心肺功能能力。通过 50 m 跑观察儿童跑的动作模式是否正确，测试儿童上下肢协调性以及下肢蹬伸力量。

（二）测试方法与流程

儿童站在起跑线上，以站立式姿势准备。听到口令后，快速向前跑动，包括起跑、加速跑、途中跑和冲刺跑，直到冲过终点进行计时。

测试评分标准如表 4-2-1-5 所示。

表 4-2-1-5　50 m 跑评分标准（7~9 岁）（s）

等级	得分	一年级（7岁）		二年级（8岁）		三年级（9岁）	
		50 m		50 m		50 m	
		男生	女生	男生	女生	男生	女生
优秀	100	10.2	11	9.6	10	9.1	9.2
	95	10.3	11.1	9.7	10.1	9.2	9.3
	90	10.4	11.2	9.8	10.2	9.3	9.4
良好	85	10.5	11.5	9.9	10.5	9.4	9.7
	80	10.6	11.8	10.0	10.8	9.5	10.0

续表

等级	得分	一年级（7岁）		二年级（8岁）		三年级（9岁）	
		50　m		50　m		50　m	
		男生	女生	男生	女生	男生	女生
及格	78	10.8	12.0	12.2	11.0	9.7	10.2
	76	11.0	12.2	12.4	11.2	9.9	10.4
	74	11.2	12.4	12.6	11.4	10.1	10.6
	72	11.4	12.6	12.8	11.6	10.3	10.8
	70	11.6	12.8	11.0	11.8	10.5	11.0
	68	11.8	13.0	13.2	12.0	10.7	11.2
	66	12.0	13.2	13.4	12.2	10.9	11.4
	64	12.2	13.4	13.6	12.4	11.1	11.6
	62	12.4	13.6	13.8	12.6	11.3	11.8
	60	12.6	13.8	12.0	12.8	11.5	12.0

注：引自国家学生体质健康标准（2014年修订）

思考与实践

（1）思考儿童后期运动技能测试与评估的方法有哪些？

（2）思考运动技能各测试与评估的流程？

（3）根据测试评估方法和评分标准，分组进行自我测评和儿童测评。

任务三　儿童后期基本运动技能教学指导

对于儿童后期运动技能教学指导者而言，不仅需要具备运动技能相关的身心发展规律、动作发展规律的理论基础知识、运动技能相关的测试与评估方法，还需要具有实际教学指导的能力。指导者应根据儿童后期运动技能的发展模型、发展规律和发展原则，制定运动技能教学计划，开展实践教学指导，促进儿童后期运动技能发展，提高其运动能力，为儿童专项运动技能发展奠定基础。

学习任务

（1）能掌握并熟练完成基本运动技能相关动作。

（2）能根据运动技能发展规律和模型进行相关教学指导。

学习目标

知识目标

(1)了解掌握基本运动技能相关动作要领。
(2)熟悉基本运动技能教学指导原则。
(3)掌握基本运动技能锻炼内容和进阶形式。

能力目标

(1)能将基本运动技能相关内容,应用到实际教学指导中。
(2)能熟练完成基本运动技能的教学动作,并能纠正学生的错误动作。
(3)能根据基本运动技能相关动作,进行正确的讲解示范和制定锻炼计划。

素养目标

(1)培养学生认真严谨的教学态度。
(2)培养学生具备良好的职业素养和劳动精神。
(3)培养学生建立学为人师、行为世范的职业理想。

子任务一　跑类基本运动技能教学指导

跑类基本运动技能教学指导
教学动作演示视频

一、跑类运动技能教学指导

跑类运动技能需要具备正确的跑步姿势,包括摆臂姿势、起跑姿势和途中跑姿势,还需要具备跑步所需的身体素质和运动能力,包括良好的步幅、步频,以及移动速度能力、加速度能力、反应速度能力和动作速度能力。

进行跑类动作练习要先建立正确的跑步姿态,在此基础上发展跑的能力,并结合项目能量代谢特点,合理安排不同代谢需要的锻炼负荷。例如 50 m 跑以无氧代谢和混氧代谢为主,50 m × 2 往返跑以有氧代谢和混氧代谢为主。

本子任务主要从起跑-启动、加速跑以及复合变式跑三方面开展教学指导。其中起跑-启动包含多种摆臂练习和起跑练习。加速跑包含移动速度能力,动作速度能力,以及发展步幅、步频、灵敏协调性的动作练习。复合变式跑融合了起跑、加速跑、变向等在内的动作练习,提高儿童的动作速度能力和步幅能力练习。

（一）起跑-启动

1. 站姿摆臂

【动作方法】儿童前后分腿站姿，进行原地匀速摆臂练习，前摆肘关节小于 90 度后，后摆肘关节大于 90°。如图 4-3-1-1 所示。

图 4-3-1-1　站姿摆臂

【锻炼目标】建立摆臂动作模式。

【建议负荷】20 次/组，3 组。

【注意事项】动作不宜过快，先建立基础的动作模式，逐渐增加速度。

2. 直腿坐姿摆臂

【动作方法】儿童直腿坐姿，上身保持直立，进行原地有节奏地摆臂练习，掌握一定基础之后，可通过摆臂练习将身体带动起来。如图 4-3-1-2 所示。

图 4-3-1-2　直腿坐姿摆臂

【锻炼目标】建立摆臂动作模式，发展摆臂动作技术。

【建议负荷】20 次/组，3 组。

【注意事项】身体不要左右摇摆，保持核心稳定。

3. 弹力带匀速摆臂

【动作方法】儿童前后分腿站姿，双手握住弹力带进行原地匀速摆臂练习，前摆肘关节小于 90° 后，后摆肘关节大于 90°。如图 4-3-1-3 所示。

图 4-3-1-3　弹力带匀速摆臂

【锻炼目标】建立摆臂动作模式，发展手臂肌肉力量。

【建议负荷】20 次/组，3 组。

【注意事项】动作不宜过快，先建立基础的动作模式，逐渐增加速度。

4. 前倾跑

【动作方法】儿童原地站立，身体向前倾倒，当身体与地面约 70° 左右时，快速蹬地向前跑动。如图 4-3-1-4 所示。

图 4-3-1-4　前倾跑

【锻炼目标】发展儿童快速反应能力，快速蹬地摆臂能力。

【建议负荷】10 次/组，3 组。

【注意事项】根据自身情况选择前倾角度防止受伤。

5. 站立式跑

【动作方法】儿童前后分腿站姿，重心在左腿上，身体前倾，当听到口令后，快速蹬地摆臂跑动。如图 4-3-1-5 所示。

图 4-3-1-5　站立式跑

【锻炼目标】发展站立式起跑的运动能力。

【建议负荷】10 次/组，3 组。

【注意事项】身体不要过度前倾，起跑时步频加快，步幅减少。

6. 蹲踞式跑

【动作方法】儿童以蹲踞式起跑的姿势做好准备，当听到口令时快速蹬地摆臂向前冲刺跑。如图 4-3-1-6 所示。

图 4-3-1-6　蹲踞式跑

【锻炼目标】发展儿童蹲踞式起跑的能力，提高上下肢协调性。

【建议负荷】5 次/组，3 组。

【注意事项】注意蹲踞式起跑时两脚之间的距离以及身体前倾幅度。

7. 匍匐式跑

【动作方法】儿童双手撑地匍匐于地面，当听到口令时快速将身体撑起，蹬地摆臂向前跑动。如图 4-3-1-7 所示。

图 4-3-1-7　匍匐式跑

【锻炼目标】发展练习着上肢力量，身体协调性。

【建议负荷】5 次/组，3 组。

【注意事项】推手蹬地要快。

（二）加速跑

1. 连续高抬腿

【动作方法】儿童原地站姿准备，连续完成高抬腿练习，要求大腿与地面平行。如图 4-3-1-8 所示。

图 4-3-1-8　连续高抬腿

【锻炼目标】提高下肢力量和核心稳定性，上肢协调。

【建议负荷】20 次/组，3 组。

【注意事项】核心保持稳定，上下肢协调。

2. 弹力带蹬地抬腿

【动作方法】儿童单腿站姿，将弹力带一端系于摆动腿的脚踝之上，进行连续的蹬地摆腿练习。如图 4-3-1-9 所示。

图 4-3-1-9　弹力带蹬地抬腿

【锻炼目标】发展儿童屈髋肌群的力量。

【建议负荷】20 次/组，3 组。

【注意事项】弹力带负荷适中，注意动作不要变形。

3. 小碎步跑

【动作方法】儿童站姿准备，以小碎步跑的形式完成原地或一定距离的练习，膝关节和脚踝放松，前脚掌积极拔地。如图 4-3-1-10 所示。

图 4-3-1-10　小碎步跑

【锻炼目标】发展下肢的协调性。

【建议负荷】左右共 20 次/组，3 组。

【注意事项】保持脚踝放松，上下肢要协调。

4. 绳梯-小碎步跑

【动作方法】儿童站在绳梯一端，连续完成小碎步跑练习，要求一步一格，反复练习。如图 4-3-1-11 所示。

图 4-3-1-11　绳梯-小碎步跑

【锻炼目标】发展下肢的协调性。

【建议负荷】1 个来回/组，3 组。

【注意事项】保持脚踝放松，上下肢要协调。

5. 绳梯-高抬腿跑

【动作方法】儿童站在绳梯一端,连续完成高抬腿练习,要求一步一格,反复练习。如图 4-3-1-12 所示。

图 4-3-1-12 绳梯-高抬腿跑

【锻炼目标】提高下肢力量和核心稳定性,上肢协调。

【建议负荷】1 次往返/组,3 组。

【注意事项】保持核心稳定,上下肢要协调。

6. 绳梯-滑步

【动作方法】儿童站在绳梯一端,右脚和左脚依次踏进踏出,反复练习,双臂自然摆动。如图 4-3-1-13 所示。

图 4-3-1-13 绳梯-滑步

【锻炼目标】提高下肢力量和核心稳定性,上肢协调。

【建议负荷】1 次往返/组,3 组。

【注意事项】保持核心稳定,上下肢要协调。

(三)复合变式跑

1. 后退跑

【动作方法】儿童原地站姿向后跑动,跑动时微微屈髋屈膝,前脚掌着地,上下肢协调。如图 4-3-1-14 所示。

图 4-3-1-14 后退跑

【锻炼目标】发展儿童向后跑动能力。

【建议负荷】10 m/组，3 组。

【注意事项】注意场地有无障碍物，防止受伤。

2. 后退跑变向前跑

【动作方法】儿童以后退跑方式向后跑动，当听到口令时快速蹬地向前跑动。如图 4-3-1-15 所示。

图 4-3-1-15　后退跑变向前跑

【锻炼目标】发展儿童反应能力以及改变身体空间位置速度能力。

【建议负荷】5 次/组，3 组。

【注意事项】反应要快，蹬地要快。

3. 双脚落地跳起跑

【动作方法】儿童双脚开立与肩同宽，做原地向下落地练习，或向前跳落，当双脚接触地面的同时快速蹬地向前跑动。如图 4-3-1-16 所示。

图 4-3-1-16　双脚落地跳起跑

【锻炼目标】提高儿童快速反应能力和下肢蹬地能力。

【建议负荷】5 次/组，3 组。

【注意事项】双脚跳落幅度不宜过高，离开地面即可。

4. 双脚前后跳起跑

【动作方法】儿童双脚连续向前向后跳动，当听到口令时快速蹬地摆臂向前跑动。如图 4-3-1-17 所示。

图 4-3-1-17 双脚前后跳起跑

【锻炼目标】提高儿童快速反应能力和下肢蹬地能力。

【建议负荷】5 次/组，3 组。

【注意事项】双脚跳落幅度不宜过高，离开地面即可。

5. “之”字形跑

【动作方法】儿童连续向前完成左右变向的“之”字形跑动，在变向时身体重心降低，积极蹬地转身。如图 4-3-1-18 所示。

图 4-3-1-18 “之”字形跑

【锻炼目标】发展儿童身体协调性和速度能力。

【建议负荷】5 次/组，3 组。

【注意事项】转身协调蹬地要快。

6. 90° 转弯跑

【动作方法】儿童向前快速跑动，跑到标志桶时突然向左或向右 90° 转身跑动。

如图 4-3-1-19 所示。

图 4-3-1-19　90° 转弯跑

【锻炼目标】发展儿童快速跑动能力以及改变方向时的启动能力。

【建议负荷】5 次/组，3 组。

【注意事项】急停要稳，转身蹬地要快。

7. 绕"8"字跑

【动作方法】儿童依次完成三个标志筒的绕"8"字跑练习。如图 4-3-1-20 所示。

图 4-3-1-20　绕"8"字跑

【锻炼目标】发展儿童连续转身启动跑动的能力。

【建议负荷】5 次/组，3 组。

【注意事项】启动要快，急停要稳，转身时上下肢要协调。

8. 蛇形跑

【动作方法】儿童向前快速围绕排列成一条直线的多个标志桶做蛇形跑。如图 4-3-1-21 所示。

图 4-3-1-21 蛇形跑

【锻炼目标】发展儿童快速左右连续改变方向跑的运动能力。

【建议负荷】5 次/组，3 组。

【注意事项】启动要快，上下肢要协调。

二、跑类运动技能教学应用与周期安排

（一）跑类运动技能教学应用

跑类运动技能是每个人都必须掌握的一项技能，不仅限于单方向的向前跑，还包括侧向跑、向后跑、转向跑、折返跑等。越是复杂的运动，跑的方式就越多样。跑类运动技能可以发展儿童的动作速度、移动速度和反应速度，同时也提高下肢力量和心肺功能。

对于儿童来说，进行跑类运动技能训练时需要在成人指导下完成，并遵循一定的训练规律。儿童的运动技能训练主要围绕着跳、蹲、跑、投和爬等技能展开，在练习时应按照相关的周期训练计划进行，从简单的跑动技能开始，逐渐过渡到多方向和多方式的跑，通过这样的练习来发展跑类运动技能，如表 4-3-1-1 所示。

表 4-3-1-1 跑类运动技能教学方案

年龄组：儿童后期	训练阶段：Level-1
教学情景	
以“奔跑的马儿”情景引入。草原上有很多奔跑的马儿，让我们也像它们一样，跑起来吧	
热身（10 min）	
教学内容	建议负荷
1. 基础慢跑（3 min）：游戏小火车慢跑 2. 热身操（5 min）：头绕环、侧展、膝屈伸、滚雪球拉伸、手腕脚踝、斜抱膝、超人侧躺 3. 神经激活（2 min）：原地高抬腿反应训练	300~400 m 每个动作 2×8 节拍 4~6 次 / 组

续表

训练(20 min)		
教学内容	教学目的	建议负荷
1. 双人镜像模仿学习站立式起跑(5 min):组织学生两人一组面对面站立,一人做站立式摆臂动作,另一个人模仿练习 2. 休息补水(2 min) 3. 小马起跑(10 min):以站立式起跑姿势准备,要求学生尽可能以标准动作完成短距离的起跑练习,蹬地要快,上下肢协调 4. 休息补水(3 min)	提高学生参加锻炼的积极性和初步接触该技能的兴趣 补充水分 建立正确起跑动作模式,掌握相关动作要领和发力顺序 补充水分,调整呼吸,拉伸肌群	5~8 次/人 5~8 次/人,根据情况可增加次数
团队教学游戏(10 min)		
游戏内容	游戏目的	建议负荷
草原接力赛:按学生人数平均分组,完成从起点到终点 20 m 距离的快速跑步练习,要求在身体一侧击掌接力,以遵守比赛规则和用时最少作为评价依据	在游戏中巩固站立式起跑动作技能,熟悉加速跑和冲刺跑动作技能,为下一节课的学习做好准备。同时发展团队合作精神	20 m 距离,2~3 组
恢复再生(5 min)		
放松部位	放松方式	建议负荷
主要参与肌群	自主牵拉放松	15 s/每个部位
教学反思与总结		
1. 2. 3.		

(二)跑类运动技能教学周期安排

跑类运动技能教学周期安排如表 4-3-1-2 所示。

表 4-3-1-2　跑类动作技能教学周期安排

动作技能模块	锻炼模块	锻炼主题	锻炼大纲	锻炼内容	锻炼方法手段	建议负荷	备注
跑类动作	第一模块	摆臂动作技能	掌握正确摆臂动作模式	正确的摆臂动作模式、上肢力量、以胸锁关节为轴的前后摆动	站姿摆臂、坐姿摆臂、弹力带摆臂、匀速摆臂		
			提高摆臂效率				
	第二模块	蹬地抬腿动作技能	掌握正确抬腿动作模式	正确的抬腿动作模式、踝关节、小腿后群、股四头肌、髂腰肌、伸髋伸膝连贯性	左右高抬腿、连续高抬腿、弹力带蹬地抬腿、后蹬跑		
			提高蹬地抬腿动作连贯性和基础力量				

动作技能模块	锻炼模块	锻炼主题	锻炼大纲	锻炼内容	锻炼方法手段	建议负荷	备注
跑类动作	第三模块	直线加速跑动作技能	掌握正确摆臂抬腿动作模式	矢状面跑动、正确的摆臂抬腿动作模式、踝关节、小腿后群、股四头肌、髂腰肌、核心、下肢爆发力、伸髋伸膝连贯性	原地快速高抬腿、弹力带快速摆臂、后蹬跑	摆臂、抬腿动作练习 20 次/组，3 组	儿童根据周期计划，从第一模块开始练习，循序渐进，建立正确的动作模式，从最开始的向前跑过渡到不同方式的跑，最后过渡到综合跑的练习，需具备一定的力量素质，防止运动损伤
			提高蹬地抬腿连贯性和蹬地爆发力				
	第四模块	不同姿势跑动作技能	掌握不同姿势跑动作模式	矢状面和冠状面跑动、不同姿势跑、踝关节、小腿后群、股四头肌、髂腰肌、核心控制能力、下肢爆发力、快速伸髋伸膝、协调	站立式跑、蹲踞式跑、匍匐式跑、转身跑、小碎步跑、后退跑	完整跑的练习 8 次/组，3 组 不同变式跑的综合练习，每个变式 3~5 次练习	
			提高不同姿势下，伸髋伸膝蹬地发力连贯性和四肢协调性				
	第五模块	不同变式跑动作技能	掌握不同变式跑时的运动能力	多平面组合跑动、不同变式跑的综合能力、全身肌肉力量、肩肘腕、髋膝踝伸屈功能、躯干旋转功能	双脚落地跳起跑、双脚前后落起跑、“之”字形跑、后退跑变向前跑 90° 转弯跑、绕“8”字跑、蛇形跑	儿童根据自身情况选择，有一定运动基础的可增加次数	
			提高蹬地跳爆发力、转身协调性和反应速度				
			提高在变式跑急停时离心力量稳定性				

子任务二　跳类基本运动技能教学指导

跳类基本运动技能教学指导
教学动作演示视频

一、跳类运动技能教学指导

跳类运动技能需要儿童在正确的跳跃动作模式下进行。跳类动作模式主要分为起跳阶段、腾空摆动阶段以及落地缓冲阶段。在起跳阶段，需要身体做好充足的准备，上下肢协调摆动以实现向上或向前起跳。腾空摆动阶段需要上肢摆动带动下肢起跳腾空，并在腾空阶段身体充分伸展和保持稳定控制。落地缓冲阶段需要下肢微屈髋屈膝，身体保持稳定，安全地着地，为下一次跳跃储备能量，完成动能转换。

儿童后期可进行的跳类运动技能练习主要包括双脚跳、单脚跳、单双脚交替进阶跳以及复合变式跳。在不同形式的跳类动作基础上，还可以进行向前、向后、向左、向右等不同方向的跳跃，还可以在不同器械上跳跃，以及结合不同复合式动作跳跃。但无论是哪种形式的跳跃，都可以发展儿童的跳类运动技能。在跳类运动技能训练中，首先要建立正确的跳跃动作模式以预防运动损伤的发生，然后循序渐进地由基础到提高，由简单到复杂，由自重到器械，从而发展儿童的跳类运动技能，为后续的专项运动技术打下基础。

（一）双脚跳

1. 双脚原地跳

【动作方法】儿童双脚微开，连续完成原地的向上跳练习。如图 4-3-2-1 所示。

图 4-3-2-1 双脚原地跳

【锻炼目标】发展脚踝力量和双脚跳的运动能力。

【建议负荷】30 次/组，3 组。

【注意事项】要微屈髋屈膝。

2. 绳梯-双脚左右跳

【动作方法】儿童双脚并拢，完成绳梯左右两侧连续跳的练习。如图 4-3-2-2 所示。

图 4-3-2-2 绳梯-双脚左右跳

【锻炼目标】发展脚踝力量和双脚跳的运动能力。

【建议负荷】30 次/组，3 组。

【注意事项】要微屈髋屈膝。

3. 绳梯-双脚直线向前跳

【动作方法】儿童站在绳梯一端，双脚并拢完成向前连续跳的练习。如图 4-3-2-3 所示。

图 4-3-2-3 绳梯-双脚直线向前跳

【锻炼目标】发展脚踝力量和双脚跳的运动能力。

【建议负荷】30 次/组，3 组。

【注意事项】要微屈髋屈膝，脚尖不要戳地。

4. 绳梯-双脚左右向前跳

【动作方法】儿童双脚并拢，完成标准线左右两侧连续向前跳的练习。如图 4-3-2-4 所示。

图 4-3-2-4 绳梯-双脚左右向前跳

【锻炼目标】发展脚踝力量和双脚跳的运动能力。

【建议负荷】30 次/组，3 组。

【注意事项】要微屈髋屈膝，脚尖不要戳地。

5. 绳梯-双脚旋转跳

【动作方法】儿童下肢半蹲准备，起跳时身体在空中旋转 90°，落地时屈髋屈膝缓冲。如图 4-3-2-5 所示。

图 4-3-2-5 绳梯-双脚旋转跳

【锻炼目标】发展脚踝力量，双脚跳的运动能力以及空间感知能力。

【建议负荷】15 次/组，3 组。

【注意事项】落地时微屈髋屈膝，缓冲着地。

（二）单脚跳

1. 单脚-原地跳

【动作方法】儿童原地站姿，单脚进行连续跳跃练习。如图 4-3-2-6 所示。

图 4-3-2-6　单脚-原地跳

【锻炼目标】发展脚踝力量和单脚跳的运动能力。

【建议负荷】30 次/组，3 组。

【注意事项】要微屈髋屈膝，脚尖不要戳地。

2. 单脚-原地交换跳

【动作方法】儿童原地站姿，左右脚交替完成连续跳跃练习。如图 4-3-2-7 所示。

图 4-3-2-7　单脚-原地交换跳

【锻炼目标】发展脚踝力量和左右脚跳的运动能力。

【建议负荷】30 次/组，3 组。

【注意事项】要微屈髋屈膝，脚尖不要戳地。

3. 绳梯-单脚直线向前跳

【动作方法】儿童原地站姿，单脚进行连续向前跳跃方格子的练习。如图 4-3-2-8 所示。

图 4-3-2-8　绳梯-单脚直线向前跳

【锻炼目标】发展脚踝力量和左右脚跳的运动能力。

【建议负荷】30 次/组，3 组。

【注意事项】要微屈髋屈膝，脚尖不要戳地。

4. 绳梯-单脚左右跳

【动作方法】儿童原地站姿，左右脚完成绳梯线左右两侧连续跳跃练习。如图 4-3-2-9 所示。

图 4-3-2-9　绳梯-单脚左右跳

【锻炼目标】发展脚踝力量和单脚左右跳的运动能力。

【建议负荷】30 次/组，3 组。

【注意事项】要微屈髋屈膝，脚尖不要戳地。

5. 绳梯-单脚左右向前跳

【动作方法】儿童原地站姿，左右脚完成向前跳跃练习。如图 4-3-2-10 所示。

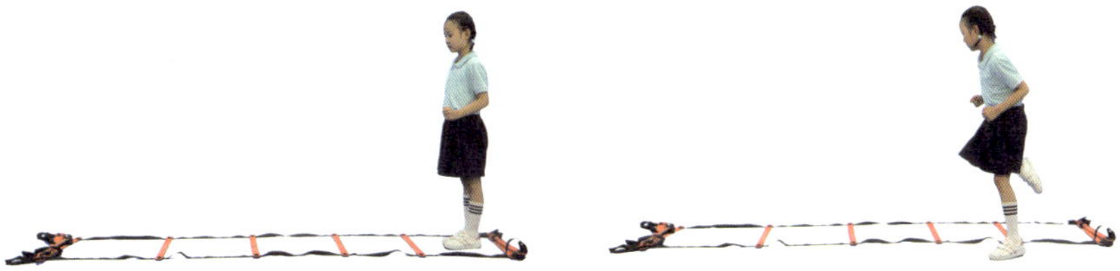

图 4-3-2-10　绳梯-单脚左右向前跳

【锻炼目标】发展脚踝力量和左右脚跳的运动能力。

【建议负荷】30 次/组，3 组。

【注意事项】要微屈髋屈膝，脚尖不要戳地。

（三）单双脚交替进阶跳

1. 绳梯-单双脚交换跳

【动作方法】儿童原地站姿，连续完成单脚和双脚交替跳落的练习。如图 4-3-2-11 所示。

图 4-3-2-11　绳梯-单双脚交换跳

【锻炼目标】发展脚踝力量、单双跳时的协调能力。

【建议负荷】30 次/组，3 组。

【注意事项】要微屈髋屈膝，脚尖不要戳地。

2. 绳梯-开合跳

【动作方法】儿童原地站姿，连续完成开合跳的动作练习。如图 4-3-2-12 所示。

图 4-3-2-12　绳梯-开合跳

【锻炼目标】发展脚踝力量、分腿跳运动能力和上下肢协调性。

【建议负荷】30 次/组，3 组。

【注意事项】要微屈髋屈膝，脚尖不要戳地。

3. 四边形-四方位移动跳

【动作方法】儿童原地站姿，以逆时针或顺时针的方式连续完成 4 个点位的移动跳练习。如图 4-3-2-13 所示。

图 4-3-2-13　四边形-四方位移动跳

【锻炼目标】发展脚踝力量、空间感知能力和上下肢协调性。

【建议负荷】30 次/组，3 组。

【注意事项】要微屈髋屈膝，脚尖不要戳地。

4. 双脚踏板交换跳

【动作方法】儿童原地站姿，左右脚交替完成跳台阶的动作练习。如图 4-3-2-14 所示。

图 4-3-2-14　双脚踏板交换跳

【锻炼目标】发展脚踝力量。

【建议负荷】30 次/组，3 组。

【注意事项】要落地时微屈髋屈膝，脚尖不要戳地。

5. 踏板左右跳

【动作方法】儿童原地站姿，左右脚连续完成踏板上的跳跃练习。如图 4-3-2-15 所示。

图 4-3-2-15　踏板左右跳

【锻炼目标】发展儿童下肢力量和上下肢协调性。

【建议负荷】30 次/组，3 组。

【注意事项】要微屈髋屈膝，脚尖不要戳地。

（四）复合变式跳

1. 双脚跳平衡软塌

【动作方法】儿童双脚站立在软榻上，连续完成双脚垂直跳练习。如图 4-3-2-16 所示。

【锻炼目标】发展儿童脚踝力量和身体稳定性。

【建议负荷】30 次/组，3 组。

【注意事项】要微屈髋屈膝，保持身体稳定。

图 4-3-2-16　双脚跳平衡软榻

2. 俯撑波比跳

【动作方法】儿童原地俯撑，快速收腹蹬地向上起跳，重复动作练习。如图 4-3-2-17 所示。

图 4-3-2-17　俯撑波比跳

【锻炼目标】发展儿童上下肢力量和核心力量。

【建议负荷】12 次/组，3 组。

【注意事项】俯撑时双手撑住，防止受伤。

3. 俯撑开合跳

【动作方法】儿童双手双脚撑地，双手打开略宽于肩，不要塌腰，双膝微屈，准备好后双脚进行打开和并拢的练习，双脚打开距离略宽于肩即可。如图 4-3-2-18 所示。

图 3-3-2-18　俯撑开合跳

【锻炼目标】发展儿童核心力量以及俯撑跳的能力。

【建议负荷】12 次/组，3 组。

【注意事项】注意不要塌腰，双脚打开约与肩同宽。

4. 俯撑收腹跳

【动作方法】儿童双手撑地，核心收紧，不要塌腰，双脚并拢收腹跳练习。图 4-3-2-19 所示。

图 4-3-2-19　俯撑收腹跳

【锻炼目标】发展儿童上下肢力量和核心力量。

【建议负荷】12 次/组，3 组。

【注意事项】核心收紧，不要塌腰。

二、跳类运动技能教学应用与周期安排

（一）跳类运动技能教学应用

跳类运动技能对儿童后期运动技能的发展同样重要，发展跳跃运动时肌肉力量也随之发展提高。跳类运动技能种类很多，包括双脚跳、单脚跳、单双脚跳、不平稳地面跳、旋转跳、负重跳等等，都会从不同程度上发展跳的运动能力。儿童在后期练习时需要遵循科学的训练规律，在成人指导下进行练习，也可以参考以下周期教学安排，发展儿童后期的跳类运动技能，如表 4-3-2-1 所示。

表 4-3-2-1　跳类运动技能教学方案

年龄组：儿童后期		训练阶段：Level-1
教学情景		
以“搭建跳房子”情景引入。用我们手里的灵敏圈搭建不同形状的房子，然后跳过去		
热身（10 min）		
教学内容		建议负荷
1. 基础慢跑（3 min）：游戏小火车慢跑 2. 热身操（5 min）：头绕环、侧展、膝屈伸、滚雪球拉伸、手腕脚踝、斜抱膝、超人侧躺 3. 神经激活（2 min）：原地小步跳反应训练		300~400 m 每个动作 2 × 8 节拍 2~3 次 / 组
训练（20 min）		
教学内容	教学目的	建议负荷
1. 正常形状的跳房子（5 min）：组织学生分好组，进行跳房子的练习，要求单双脚交换跳，动作协调，身体稳定 2. 休息补水（2 min） 3. 搭建新的房子（10 min）：要求各组学生发挥想象力，一起搭建不同形状的房子，然后进行跳房子练习 4. 休息补水（3 min）	提高学生参加锻炼的积极性和初步接触该技能的兴趣 补充水分 建立正确的蹲起跳动作模式，掌握相关动作要领和发力顺序 补充水分，调整呼吸和拉伸肌群	5~8 次/人 5~8 次/人，根据情况可增加次数
团队教学游戏（10 min）		
游戏内容	游戏目的	建议负荷
跳房子接力赛：按学生人数平均分组，完成跳房子后，向前快速跑 10 m，再折返回起点接力，要求在身体一侧击掌接力，以遵守比赛规则和用时最少作为评价依据	在游戏中巩固跳的动作技能，发展团队合作精神	20 m 距离，2~3 组
恢复再生（5 min）		
放松部位	放松方式	建议负荷
主要参与肌群	自主牵拉放松	15 s/每个部位
教学反思与总结		
1. 2. 3.		

（二）跳类运动技能教学周期安排

跳类运动技能教学周期安排如表 4-3-2-2 所示。

表 4-3-2-2　跳类动作技能教学周期安排

动作技能模块	锻炼模块	锻炼主题	锻炼大纲	锻炼内容	锻炼方法手段	建议负荷	备注
跳类动作	第一模块	基本动作技能-单脚跳	掌握单脚跳基本动作模式 发展单脚跳力量和协调性	基础脚踝力量、小腿后群力量和连续屈髋屈膝蹬地功能	单脚-原地跳 单脚-原地交换跳	20 次/组，3 组练习。可根据自身情况选择强度	儿童根据周期计划，从第一模块开始练习，循序渐进，建立单双脚跳正确的动作模式，从最开始的单向动作到多方向动作，再到器械和组合性动作
	第二模块	基本动作技能-双脚跳	掌握双脚跳动作模式 提高双脚跳力量和协调性	脚踝力量、小腿后群力量、腿部肌肉和连续屈髋屈膝蹬地功能	双脚-原地跳 双脚-左右跳		
	第三模块	进阶动作技能-单脚跳	掌握单脚跳的进阶动作 提高单脚跳稳定性和力量	练习脚踝、小腿后群肌肉、腿部肌肉力量和连续屈髋屈膝蹬地功能	单脚-直线向前跳 单脚-左右跳 单脚-左右向前跳		
	第四模块	进阶动作技能-双脚跳	掌握双脚跳的进阶动作 提高双脚跳力量和身体稳定性	练习脚踝、小腿后群肌肉、腿部肌肉力量和连续屈髋屈膝蹬地功能	双脚-直线线向前跳、双脚左右向前跳		
	第五模块	强化动作技能-单脚跳变式	掌握单脚跳较高难度动作 提高单脚跳下肢力量和稳定性	强化练习脚踝、小腿后群肌肉、腿部肌肉力量和连续屈髋屈膝蹬地功能	交叉摸脚跳、单脚连续台阶跳、不稳定界面跳-单脚平衡软垫		
	第六模块	强化动作技能-双脚跳变式	掌握双脚跳较高难度动作 提高双脚跳下肢力量和稳定性	强化练习脚踝、小腿后群肌肉、腿部肌肉力量和连续屈髋屈膝蹬地功能	收腹跳、开合跳、四方位移动跳、立定跳、踏板左右跳、不稳定界面跳-单脚平衡软垫		
	第七模块	综合动作技能-单双脚组合变式跳	掌握单双脚组合跳的动作 发展下肢力量、四肢协调性和动态稳定性	强化练习脚踝、小腿后群肌肉、腿部肌肉力量和单双腿连续屈髋屈膝蹬地功能	单双脚交换跳、单双脚分腿跳、俯撑开合跳、俯撑收腹跳	12 次/组，3 组练习。可根据自身情况选择强度	

子任务三　投掷类基本运动技能教学指导

投掷类基本运动技能教学指导
教学动作演示视频

一、投掷类运动技能教学指导

投掷类运动技能是建立在基本投掷动作模式基础上完成的。首先需要掌握基本的投掷动作模式，然后进行不同形式的投掷类运动技能练习。投掷动作模式主要分为准备阶段、加速（蓄能）阶段、出手阶段和结束阶段。在准备阶段，需要正确的手握姿势和身体准备姿势，一般为前后分立站姿准备，躯干后仰，肩关节充分伸展。加速（蓄能）阶段有两种形式，一种是加速阶段的动作模式，需要进行加速助力跑。另一种是原地动作，但身体姿势从准备姿势过渡到反向伸展的蓄能阶段，以发挥更大的力量和速度，使肌肉充分拉长。出手阶段需要动用全身动力链连贯发力，由下向上传导力量，最后顺势出手完成投掷动作。结束阶段需要具备身体稳定控制能力，保持身体平衡稳定，避免出手后身体失控的现象。

无论进行任何投掷类运动技能，都需要建立在正确的投掷动作模式基础上进行训练。因此，在建立正确的投掷动作模式后，本子任务将投掷类运动技能分为不同位置的投掷、各种反应投掷、不同支撑面的投掷和复合动作投掷四个部分。从基本稳定控制姿势下的投掷开始，逐步增加动作难度和形式，从而更符合和贴近投掷类专项运动。

（一）不同位置的投掷

1. 双手头上投掷

【动作方法】儿童前后分腿站姿，双手握住软排或沙包，身体向后呈背弓，蹬地发力至手关节，将球投出，重复此动作。如图 4-3-3-1 所示。

图 4-3-3-1　双手头上投掷

【锻炼目标】发展儿童鞭打发力能力，发展投掷动作模式。

【建议负荷】12 次/组,3 组。

【注意事项】投掷物的选择和场地要保持空旷。

2. 双手胸前投掷

【动作方法】儿童自然站姿或前后分腿站姿,双手握住网球(软排、沙包),身体向后呈背弓,蹬地发力至手关节,将球投出,重复此动作。如图 4-3-3-2 所示。

图 4-3-3-2　双手胸前投掷

【锻炼目标】发展儿童胸前投掷的能力。

【建议负荷】12 次/组,3 组。

【注意事项】投掷物的选择和场地要保持空旷。

3. 单手肩上投掷

【动作方法】儿童侧向双脚前后站立,右手持投掷物(小篮球、软排、沙包)于肩上,左臂前上举,准备好后蹬地转体,手臂由后向前将物体投出,重复此动作。如图 4-3-3-3 所示。

图 4-3-3-3　单手肩上投掷

【锻炼目标】发展儿童鞭打发力能力,发展投掷动作模式。

【建议负荷】12 次/组,3 组。

【注意事项】投掷物的选择和场地要保持空旷。

4. 腰间投掷沙包

【动作方法】儿童侧向双脚前后站立,右手持投掷物(沙包)于右侧腰间,左臂前上举,准备好后蹬地转体,手臂由后向前将物体投出,重复此动作。如图 4-3-3-4 所示。

图 4-3-3-4　腰间投掷沙包

【锻炼目标】发展儿童鞭打发力能力,发展投掷动作模式。

【建议负荷】12 次/组,3 组。

【注意事项】投掷物的选择和场地要保持空旷。

(二)各种反应投掷

1. 听口令-小碎步双手头上投掷

【动作方法】儿童站姿小碎步准备,当听到“开始”的口令时快速投出,重复此动作。如图 4-3-3-5 所示。

图 4-3-3-5　听口令-小碎步双手头上投掷

【锻炼目标】发展儿童鞭打发力能力,发展投掷动作模式。

【建议负荷】12 次/组,3 组。

【注意事项】投掷物的选择和场地要保持空旷。

2. 听口令-小碎步胸前投掷

【动作方法】儿童站姿小碎步准备,当听到“胸前投掷”的口令时快速投出,重复此动作。如图 4-3-3-6 所示。

图 4-3-3-6　听口令-小碎步胸前投掷

【锻炼目标】发展儿童鞭打发力能力,发展投掷动作模式。

【建议负荷】12 次/组,3 组。

【注意事项】投掷物的选择和场地要保持空旷。

3. 听口令-小碎步单手肩上投掷

【动作方法】儿童原地快速小碎步准备，当听到“开始”的口令时快速投出，重复此动作。如图 4-3-3-7 所示。

图 4-3-3-7　听口令-小碎步单手肩上投掷

【锻炼目标】发展儿童鞭打发力能力，发展投掷动作模式。

【建议负荷】12 次/组，3 组。

【注意事项】投掷物的选择和场地要保持空旷。

4. 听口令-小碎步腰间投掷

【动作方法】儿童右手持投掷物（沙包）于腰间，原地小碎步准备，当听到“投掷”口令时，身体快速侧对前方，左臂前上举，然后蹬地转体快速投出，重复此动作。如图 4-3-3-8 所示。

图 4-3-3-8　听口令-小碎步腰间投掷

【锻炼目标】发展儿童鞭打发力能力，发展投掷动作模式。

【建议负荷】12 次/组，3 组。

【注意事项】投掷物的选择和场地要保持空旷。

（三）不同支撑面的投掷

1. 单脚站姿投掷

【动作方法】儿童单脚站姿，单手握住投掷物，身体向后呈背弓，蹬地发力至手关节，将球投出，重复此动作。如图 4-3-3-9 所示。

图 4-3-3-9　单脚站姿投掷

【锻炼目标】发展儿童鞭打发力能力，发展投掷动作模式。

【建议负荷】12 次/组，3 组。

【注意事项】投掷物的选择和场地要保持空旷。

2. 弓箭步投掷

【动作方法】儿童弓步站姿，单手握住投掷物，身体向后呈背弓，蹬地发力至手关节，将球投出，重复此动作。如图 4-3-3-10 所示。

图 4-3-3-10　弓箭步投掷

【锻炼目标】发展儿童鞭打发力能力，发展投掷动作模式。

【建议负荷】12 次/组，3 组。

【注意事项】投掷物的选择和场地要保持空旷。

3. 坐姿单（双）手投掷

【动作方法】儿童坐姿，单手握住投掷物，身体向后呈背弓，核心收紧，将球投出，重复此动作。如图 4-3-3-11 所示。

图 4-3-3-11　坐姿单（双）手投掷

【锻炼目标】发展儿童鞭打发力能力，发展投掷动作模式。

【建议负荷】12 次/组，3 组。

【注意事项】投掷物的选择和场地要保持空旷。

4. 跪姿投掷

【动作方法】儿童单腿跪姿，单手或双手握住投掷物，身体向后呈背弓，将球投出，重复此动作。如图 4-3-3-12 所示。

图 4-3-3-12　跪姿投掷

【锻炼目标】发展儿童鞭打发力能力，培养投掷动作模式。

【建议负荷】12 次/组，共 3 组。

【注意事项】选择合适的投掷物，并保持场地空旷。

5. 单脚平衡软塌投掷

【动作方法】儿童单脚站在平衡软榻上，双手握住投掷物于头顶，将球投出，重复此动作。如图 4-3-3-13 所示。

图 4-3-3-13　单脚平衡软榻投掷

【锻炼目标】发展儿童鞭打发力能力，培养投掷动作模式。

【建议负荷】12 次/组，共 3 组。

【注意事项】选择合适的投掷物，并保持场地空旷。

（四）复合动作投掷

1. 仰卧卷腹投掷-沙包、软排

【动作方法】儿童仰卧，双手握住投掷物于头顶处，仰卧起身时将球投出，重复此动作。如图 4-3-3-14 所示。

图 4-3-3-14 仰卧卷腹投掷-沙包、软排

【锻炼目标】发展儿童鞭打发力能力，培养投掷动作模式。

【建议负荷】12 次/组，共 3 组。

【注意事项】选择合适的投掷物，并保持场地空旷。

2. 蹲起跳投掷-沙包

【动作方法】儿童站姿，单手握住投掷物，蹲起跳跃后快速将球投出，重复此动作。如图 4-3-3-15 所示。

图 4-3-3-15 蹲起跳投掷-沙包

【锻炼目标】发展儿童鞭打发力能力，培养投掷动作模式。

【建议负荷】12 次/组，共 3 组。

【注意事项】选择合适的投掷物，并保持场地空旷。

3. 小步跑投掷-沙包

【动作方法】儿童站姿，原地进行小步跑练习后快速投出沙包，重复此动作。如图 4-3-3-16 所示。

图 4-3-3-16 小步跑投掷-沙包

【锻炼目标】发展儿童鞭打发力能力，培养投掷动作模式。

【建议负荷】12 次/组，共 3 组。

【注意事项】选择合适的投掷物，并保持场地空旷。

4. 跑动急停投掷-沙包

【动作方法】儿童站姿，向前快速跑动急停将物体投出，重复此动作。如图 4-3-3-17 所示。

图 4-3-3-17　跑动急停投掷-沙包

【锻炼目标】发展儿童鞭打发力能力，培养投掷动作模式。

【建议负荷】12 次/组，共 3 组。

【注意事项】选择合适的投掷物，并保持场地空旷。

5. 旋转投掷

【动作方法】儿童持投掷物分腿站姿，以左脚为轴，右脚蹬地后快速旋转发力，将物体投出，重复此动作。如图 4-3-3-18 所示。

图 4-3-3-18　旋转投掷

【锻炼目标】发展儿童旋转发力能力，培养投掷动作模式。

【建议负荷】12 次/组，共 3 组。

【注意事项】选择合适的投掷物，并保持场地空旷。

二、投掷类运动技能教学应用与周期安排

（一）投掷类运动技能教学应用

投掷类运动技能是人体关节链发力的一种表现，能够将力量快速传递，发挥出最大的效率。可以参考以下教学方案，如表 4-3-3-1 所示，逐步发展儿童后期投掷类运动技能。

表 4-3-3-1 投掷类运动技能教学方案

年龄组:儿童后期		训练阶段:Level-1
教学情景		
以“投沙包”情景引入。用我们手中的沙包投入相对应的灵敏圈内,看谁投的准		
热身(10 min)		
教学内容		建议负荷
1. 基础慢跑(3 min):游戏小火车慢跑 2. 热身操(5 min):头绕环、侧展、膝屈伸、滚雪球拉伸、手腕脚踝、斜抱膝、超人侧躺 3. 神经激活(2 min):原地高抬腿反应训练		300~400 m 每个动作 2×8 节拍 4~6 次 / 组
训练(20 min)		
教学内容	教学目的	建议负荷
1. 原地投掷沙包练习(5 min):组织学生分好组,进行原地投掷沙包练习,要求左右脚分开,蹬转动作和鞭打动作协调,身体稳定 2. 休息补水(2 min) 3. 看谁投的准(10 min):要求各组学生将沙包投进灵敏圈,根据情况可通过增加距离提高难度 4. 休息补水(3 min)	提高学生参加锻炼的积极性和初步接触该技能的兴趣。 补充水分 建立正确投掷动作模式,掌握相关动作要领和发力顺序 补充水分,调整呼吸和拉伸肌群	5~8 次/人 5~8 次/人,根据情况可增加次数
团队教学游戏(10 min)		
游戏内容	游戏目的	建议负荷
投沙包快速反应:学生平均分组,两人投沙包,中间的学生快速躲闪跑,被打中的替换投沙包,各种同时进行	在游戏中巩固投掷的动作技能,发展快速反应和跑动能力,培养团队合作精神	10 m 距离
恢复再生(5 min)		
放松部位	放松方式	建议负荷
主要参与肌群	自主牵拉放松	15 s/每个部位
教学反思与总结		
1. 2. 3.		

(二)投掷类运动技能教学周期安排

投掷类运动技能教学周期安排如表 4-3-3-2 所示。

表 4-3-3-2　投掷类动作技能教学周期安排

动作技能模块	锻炼模块	锻炼主题	锻炼大纲	锻炼内容	锻炼方法手段	建议负荷	备注
投掷类动作	第一模块	不同位置投掷	掌握不同位置投掷的方式	不同位置投掷的模式、上下肢核心力量	头上投掷、肩上投掷、胸前投掷、腰间投掷	动作练习 12 次/组，3 组 不同变式投掷的综合练习，每个变式 8 次练习 儿童根据自身情况选择，有一定运动基础的可增加次数	儿童根据周期计划，从第一模块开始练习，循序渐进，建立正确投掷的动作模式，从最开始的不同位置的投掷逐渐过渡到各种反应的、不同器械的、复合动作的投掷，需具备一定的力量素质，防止运动损伤
			发展投掷的动作模式				
	第二模块	各种反应投掷	掌握投掷的动作模式	正确的投掷的动作模式、反应速度、动作速度和上下肢协调性	听口令向左投掷、小碎步投掷、小跳步投掷		
			提高快速反应下投掷的动作连贯性和基础力量				
	第三模块	不同支撑面投掷	掌握投掷的动作模式	核心稳定性、上下肢力量、身体控制能力	双脚站姿投掷、单脚站姿投掷、弓箭步投掷、坐姿双（单）手投掷、跪姿投掷、仰卧投掷		
			发展不同支撑面投掷的稳定性				
	第四模块	不同器械投掷	掌握不同器械投掷的方法	不同器械投掷、核心力量、动力链传递、协调性	单手网球投掷、双手实心球投掷、单手铅球投掷、软式标枪投掷、单手肩上投掷		
			提高不同器械，身体运动链发力连贯性和四肢协调性				
	第五模块	复合动作投掷	掌握不同变式投掷的运动能力	复合动作投掷的能力、上下肢力量、核心力量、四肢协调性	仰卧卷腹投掷、跪跳起投掷、蹲起跳投掷、助跑交叉步引投掷、跑动急停投掷		
			提高不同变式下投掷的效率和身体稳定性。				

子任务四　爬类基本运动技能教学指导

爬类基本运动技能教学指导
教学动作演示视频

一、爬类运动技能教学指导

无论何种爬类运动技能，都需要建立在爬行基本动作模式基础上。在进行爬行动作训练时，儿童需要掌握正确的爬行准备姿势，稳定地用手脚支撑地面，并保持躯干稳定。耳垂与肩峰要在同一水平线上，眼睛朝向前方，避免过度低头和抬头。在爬行过程中，需要保持手脚移动的距离和位置对称，上下肢要协调运动，身体保持稳定，减少晃动和倾斜。同时要注意合理的呼吸方式，以更好地完成爬行动作。

在掌握正确的爬行动作模式后，才能进行不同形式的爬类运动技能练习，从而使儿童获得更好的技术水平和运动能力。本子任务将爬类运动技能分为婴儿爬、猫爬、熊爬、螃蟹爬和进阶爬等不同形式的爬行动作，并通过改变爬类动作的形式和组合方式，增加爬行的难度。具体爬类运动技能动作练习如下。

（一）婴儿爬

1. 婴儿爬-手膝爬行

【动作方法】儿童双手双膝撑地，屈髋屈膝，膝关节保持 90°，向前进行爬行练习，身体保持稳定不晃动。如图 4-3-4-1 所示。

图 4-3-4-1 婴儿爬-手膝爬行

【锻炼目标】发展儿童的手膝爬行能力和核心稳定性。

【建议负荷】20 次/组，共 3 组。

【注意事项】保持身体稳定，避免晃动。

2. 婴儿爬-匍匐爬

【动作方法】儿童俯卧于地面，用手臂和腿的力量向前爬行。如图 4-3-4-2 所示。

图 4-3-4-2 婴儿爬-匍匐爬

【锻炼目标】发展儿童匍匐爬行能力和四肢协调性。

【建议负荷】20 次/组，共 3 组。

【注意事项】爬行时注意手臂避免滑伤。

（二）猫爬

1. 猫爬-向前

【动作方法】儿童双手双脚撑地，屈髋屈膝，膝关节保持 90°，向前进行爬行练习，身体保持稳定不晃动。如图 4-3-4-3 所示。

图 4-3-4-3　猫爬-向前

【锻炼目标】发展儿童的手膝爬行能力和核心力量。

【建议负荷】20 次/组，共 3 组。

【注意事项】保持身体稳定，避免晃动。

2. 猫爬-向后

【动作方法】儿童双手双脚撑地，屈髋屈膝，膝关节保持 90°，向后倒退爬行练习，身体保持稳定不晃动。如图 4-3-4-4 所示。

图 4-3-4-4　猫爬-向后

【锻炼目标】发展儿童的手膝爬行能力和核心力量。

【建议负荷】20 次/组，共 3 组。

【注意事项】保持身体稳定，避免晃动。

3. 猫爬-侧向

【动作方法】儿童双手双脚撑地，屈髋屈膝，膝关节保持 90°，侧向爬行练习，身体保持稳定不晃动。如图 4-3-4-5 所示。

图 4-3-4-5　猫爬-侧向

【锻炼目标】发展儿童的手膝爬行能力和核心力量。

【建议负荷】20 次/组，共 3 组。

【注意事项】保持身体稳定，避免晃动。

4. 猫爬-旋转

【动作方法】儿童双手双脚撑地，屈髋屈膝，膝关节保持 90°，进行旋转爬行练习，身体保持稳定不晃动。如图 4-3-4-6 所示。

图 4-3-4-6 猫爬-旋转

【锻炼目标】发展儿童的手膝爬行能力和核心力量。

【建议负荷】20 次/组，共 3 组。

【注意事项】保持身体稳定，避免晃动。

5. 猫爬-交替伸手

【动作方法】儿童双手双脚撑地，屈髋屈膝，膝关节保持 90°，双臂交替伸展，身体保持稳定不晃动。如图 4-3-4-7 所示。

图 4-3-4-7 猫爬-交替伸手

【锻炼目标】发展儿童四肢力量和核心稳定性。

【建议负荷】12 次/组，共 3 组。

【注意事项】保持身体稳定，避免晃动。

6. 猫爬-交替伸腿

【动作方法】儿童双手双脚撑地，屈髋屈膝，膝关节保持 90°，双腿交替伸展，身体保持稳定不晃动。如图 4-3-4-8 所示。

图 4-3-4-8 猫爬-交替伸腿

【锻炼目标】发展儿童四肢力量和核心稳定性。

【建议负荷】12 次/组，共 3 组。

【注意事项】保持身体稳定，避免晃动。

7. 猫爬-对侧手脚伸展

【动作方法】儿童双手双脚撑地，屈髋屈膝，膝关节保持 90°，对侧手臂和腿交替伸展，身体保持稳定不晃动。如图 4-3-4-9 所示。

图 4-3-4-9　猫爬-对侧手脚伸展

【锻炼目标】发展儿童四肢力量和核心稳定性。

【建议负荷】12 次/组，共 3 组。

【注意事项】保持身体稳定，避免晃动。

（三）熊爬

1. 熊爬-向前

【动作方法】儿童双手双脚撑地，双腿伸直，向前缓慢爬行，重复动作练习。如图 4-3-4-10 所示。

图 4-3-4-10　熊爬-向前

【锻炼目标】发展儿童直膝爬行能力。

【建议负荷】12 次/组，共 3 组。

【注意事项】保持身体稳定。

2. 熊爬-向后

【动作方法】儿童双手双脚撑地，双腿伸直，向后缓慢爬行，重复动作练习。如图 4-3-4-11 所示。

图 4-3-4-11　熊爬-向后

【锻炼目标】发展儿童直膝爬行能力。

【建议负荷】12 次/组，共 3 组。

【注意事项】保持身体稳定。

3. 熊爬-侧向

【动作方法】儿童双手双脚撑地，双腿伸直，向左或向右缓慢爬行，重复动作练习。如图 4-3-4-12 所示。

图 4-3-4-12　熊爬-侧向

【锻炼目标】发展儿童侧向直膝爬行能力。

【建议负荷】12 次/组，共 3 组。

【注意事项】保持身体稳定。

4. 熊爬-旋转

【动作方法】儿童双手双脚撑地，双腿伸直，逆时针或顺时针旋转缓慢爬行，重复动作练习。如图 4-3-4-13 所示。

图 4-3-4-13　熊爬-旋转

【锻炼目标】发展儿童直膝爬行转向能力。

【建议负荷】左右旋转各 6 次/组，共 3 组。

【注意事项】保持身体稳定。

5. 熊爬-蹲起

【动作方法】儿童双手双脚撑地，双腿伸直，向前爬行 2 次后接蹲起一次，重复动作练习。如图 4-3-4-14 所示。

图 4-3-4-14　熊爬-蹲起

【锻炼目标】发展儿童伸膝能力。

【建议负荷】12 次/组，共 3 组。

【注意事项】保持身体稳定。

（四）螃蟹爬

1. 低位螃蟹爬-向前

【动作方法】儿童仰卧，双手双脚撑地，臀部离开地面，向前缓慢爬行，重复动作练习。如图 4-3-4-15 所示。

图 4-3-4-15　低位螃蟹爬-向前

【锻炼目标】发展儿童仰卧爬行能力。

【建议负荷】12 次/组，共 3 组。

【注意事项】保持身体稳定。

2. 低位螃蟹爬-向后

【动作方法】儿童仰卧，双手双脚撑地，臀部离开地面，向后缓慢爬行，重复动作练习。如图 4-3-4-16 所示。

图 4-3-4-16　低位螃蟹爬-向后

【锻炼目标】发展儿童的仰卧爬行能力。

【建议负荷】12 次/组，共 3 组。

【注意事项】保持身体稳定。

3. 低位螃蟹爬-侧向

【动作方法】儿童仰卧，双手双脚撑地，臀部离开地面，向左或向右缓慢爬行，重复动作练习。如图 4-3-4-17 所示。

图 4-3-4-17　低位螃蟹爬-侧向

【锻炼目标】发展儿童的仰卧侧向爬行能力。

【建议负荷】12 次/组，共 3 组。

【注意事项】保持身体稳定。

4. 低位螃蟹爬-旋转

【动作方法】儿童仰卧，双手双脚撑地，臀部离开地面，逆时针或顺时针缓慢旋转爬行，重复动作练习。如图 4-3-4-18 所示。

图 4-3-4-18　低位螃蟹爬-旋转

【锻炼目标】发展儿童的仰卧转向爬行能力。

【建议负荷】12 次/组，共 3 组。

【注意事项】保持身体稳定。

5. 高位螃蟹爬-向前

【动作方法】儿童仰卧，双手双脚撑地，挺髋离开地面最高处，向前缓慢爬行，重复动作练习。如图 4-3-4-19 所示。

图 4-3-4-19　高位螃蟹爬-向前

【锻炼目标】发展儿童的仰卧爬行能力。

【建议负荷】12 次/组，共 3 组。

【注意事项】保持身体稳定。

6. 高位螃蟹爬-向后

【动作方法】儿童仰卧，双手双脚撑地，挺髋离开地面最高处，向后缓慢爬行，重复动作练习。如图 4-3-4-20 所示。

图 4-3-4-20　高位螃蟹爬-向后

【锻炼目标】发展儿童的仰卧爬行能力。

【建议负荷】12 次/组，共 3 组。

【注意事项】保持身体稳定。

7. 高位螃蟹爬-侧向

【动作方法】儿童仰卧，双手双脚撑地，挺髋离开地面最高处，向左或向右缓慢爬行，重复动作练习。如图 4-3-4-21 所示。

图 4-3-4-21　高位螃蟹爬-侧向

【锻炼目标】发展儿童的仰卧侧向爬行能力。

【建议负荷】12 次/组，共 3 组。

【注意事项】保持身体稳定。

8. 高位螃蟹爬-旋转

【动作方法】儿童仰卧，双手双脚撑地，挺髋离开地面最高处，逆时针或顺时针缓慢旋转爬行，重复动作练习。如图 4-3-4-22 所示。

图 4-3-4-22　高位螃蟹爬-旋转

【锻炼目标】发展儿童的仰卧转向爬行能力。

【建议负荷】12 次/组，共 3 组。

【注意事项】保持身体稳定。

（五）进阶爬类动作

1. 毛毛虫爬

【动作方法】儿童直立站姿，双手触地后缓慢向前爬行，双手撑于最远端后，双腿直膝缓慢地向双手靠拢，重复动作练习。如图 4-3-4-23 所示。

图 4-3-4-23　毛毛虫爬

【锻炼目标】发展儿童的上下肢力量、核心力量和柔韧性。

【建议负荷】12 次/组，共 3 组。

【注意事项】核心收紧，不塌腰。

2. 猫爬-变式双手交替踏板

【动作方法】儿童双手双膝撑地，双手依次爬上爬下台阶，重复此动作练习。如图 4-3-4-24 所示。

图 4-3-4-24　猫爬-变式双手交替踏板

【锻炼目标】发展儿童的四肢力量、核心稳定性、三点支撑稳定性。

【建议负荷】12 次/组，共 3 组。

【注意事项】保持身体稳定，不要晃动。

3. 猫爬-变式双手交替踏板-进阶

【动作方法】儿童双手双脚撑地，双手依次爬上爬下台阶，重复此动作练习。如图 4-3-4-25 所示。

图 4-3-4-25　猫爬-变式双手交替踏板-进阶

【锻炼目标】发展儿童的四肢力量、核心稳定性、三点支撑稳定性。

【建议负荷】12 次/组，共 3 组。

【注意事项】保持身体稳定，不要晃动。

4. 猫爬-变式双手交替提拉迷你带

【动作方法】儿童双手双脚撑地，向前爬行，左右手交替提拉迷你带，重复此动作练习。如图 4-3-4-26 所示。

图 4-3-4-26　猫爬-变式双手交替提拉迷你带

【锻炼目标】发展儿童的四肢力量、核心稳定性、三点支撑稳定性。

【建议负荷】左右 6 次/组，共 3 组。

【注意事项】保持身体稳定，不要晃动。

5. 猫爬-变式横向移动标志盘

【动作方法】儿童双手双脚撑地，侧向爬行，每爬行一次将标志盘移动一次，重复此动作练习。如图 4-3-4-27 所示。

图 4-3-4-27　猫爬-变式横向移动标志盘

【锻炼目标】发展儿童的四肢力量、核心稳定性、三点支撑稳定性。

【建议负荷】左右 6 次/组，共 3 组。

【注意事项】保持身体稳定，不要晃动。

6. 猫爬-变式低磅弹力带抗阻爬

【动作方法】儿童双手双脚撑地，将弹力带置于腰间，向一侧或向前抗阻爬行，重复此动作练习。如图 4-3-4-28 所示。

图 4-3-4-28　猫爬-变式低磅弹力带抗阻爬

【锻炼目标】发展儿童的四肢力量、核心稳定性。

【建议负荷】6 次/组，共 3 组。

【注意事项】保持身体稳定，不要晃动。

二、爬类运动技能教学应用与周期安排

（一）爬类运动技能教学应用

爬行是基本的运动技能，婴儿通常在 6~10 个月龄学会爬行。在 6~8 个月时，婴儿能够撑起上肢并原地转动或向后爬。8~10 个月时，婴儿可以手膝并用向前爬。然而，爬行动作似乎只是婴儿时期的专利，成年后很少使用爬行动作，导致爬行能力逐渐退化。

爬行动作有很多种，从最初的婴儿爬行到猫爬、熊爬、螃蟹爬，以及各种难度的变式爬等。这些爬行动作有助于儿童后期运动技能的发展，包括上下肢力量和协调性的提高。儿童后期进行爬类运动技能练习时，可以参考下面的周期训练安排，如表 4-3-4-1 所示，并在成人的指导下进行练习。

表 4-3-4-1　爬类运动技能教学方案

年龄组：儿童后期	训练阶段：Level-1
教学情景	
以“模范小动物爬”情景引入。模仿小动物爬行，看谁爬的最像	
热身（10 min）	

续表

教学内容		建议负荷
1. 基础慢跑（3 min）：游戏小火车慢跑 2. 热身操（5 min）：头绕环、侧展、膝屈伸、滚雪球拉伸、手腕脚踝、斜抱膝、超人侧躺 3. 神经激活（2 min）：原地小碎步反应训练		300~400 m 每个动作 2 × 8 节拍 4~6 次 / 组
训练（20 min）		
教学内容	教学目的	建议负荷
1. 模仿小猫爬（5 min）：组织学生分组进行小猫爬练习，要求动作协调，身体稳定 2. 休息补水（2 min） 3. 小猫爬找朋友（10 min）：要求各组学生在爬行的过程中找朋友，找到朋友后击掌认识 4. 休息补水（3 min）	提高学生锻炼的积极性和初步接触该技能的兴趣 补充水分 建立正确爬的动作模式，掌握相关动作要领和发力顺序 补充水分，调整呼吸和拉伸肌群	5~8 次/人 5~8 次/人，根据情况课增加次数
团队教学游戏（10 min）		
游戏内容	游戏目的	建议负荷
想象力爬行大赛：学生平均分组，让学生按照想象力进行爬行练习，老师说动物名称，学生模仿各种动物的爬行，看谁爬行的最像、最好	在游戏中巩固爬的动作技能，发展团队合作精神，提高上下肢力量	10 m 距离，2~3 组
恢复再生（5 min）		
放松部位	放松方式	建议负荷
主要参与肌群	自主牵拉放松	15 s/每个部位
教学反思与总结		
1. 2. 3.		

（二）爬类运动技能教学周期安排

爬类运动技能教学周期安排如表 4-3-4-2 所示。

表 4-3-4-2　爬类动作技能教学周期安排

动作技能模块	锻炼模块	锻炼主题	锻炼大纲	锻炼内容	锻炼方法手段	建议负荷	备注
爬类动作	第一模块	基本动作技能-婴儿爬	掌握婴儿爬行动作模式 发展协调性	单向四肢爬行动作、手臂、核心力量、手支撑功能	手膝爬、匍匐爬	5 m 爬行，每次 3 组，可根据自身情况选择强度	

续表

动作技能模块	锻炼模块	锻炼主题	锻炼大纲	锻炼内容	锻炼方法手段	建议负荷	备注
爬类动作	第二模块	进阶动作技能-猫爬	掌握最基本四肢爬行动作模式 提高身体稳定性	单方向的四肢爬行动作、四肢力量、核心肌群、股四头肌、屈髋屈膝功能	猫爬-向前猫爬-向后猫爬-侧向猫爬-旋转猫爬-交替伸腿	进阶动作练习可按距离也可以按次数练习，12次/组，每次3组，可根据自身情况选择强度	儿童根据周期计划，从第一模块开始练习，循序渐进，建立正确的动作模式，从最开始的单向动作到多方向动作，再到器械和组合性动作
	第三模块	进阶动作技能-熊爬	掌握正确直腿爬行动作模式 提高四肢协调性	单方向的四肢爬行动作、四肢力量、核心肌群、股四头肌、屈髋功能	熊爬-向前 熊爬-向后 熊爬-侧向		
	第四模块	进阶动作技能-鳄鱼爬	掌握正确鳄鱼爬动作模式 提高四肢力量和身体稳定性	单方向的鳄鱼爬动作、全身力量、屈髋屈膝、屈肘功能	简易鳄鱼爬 鳄鱼爬-变式直腿爬		
	第五模块	进阶动作技能-螃蟹爬	掌握螃蟹爬动作模式 提高仰卧位四肢爬行协调性	单方向的螃蟹爬动作、全身力量、屈膝、伸肘、挺髋功能练习	低位螃蟹爬-向前、向后、侧向		
	第六模块	强化动作技能-猫爬变式	在猫爬动作模式上的演变动作 发展核心力量、四肢力量和身体稳定性	多方向组合性猫爬动作、全身力量练习、屈髋屈膝功能、四肢协调性、身体稳定性	猫爬-双手沙袋拖拽 猫爬-低磅弹力带爬 猫爬-双手台阶上下	强化变式动作练习可按距离也可以按次数练习，12次/组，每次3组 可根据自身情况选择强度	
	第七模块	强化动作技能-熊爬变式	在熊爬动作模式上的演变动作 发展核心力量、四肢力量和身体稳定性	多方向组合性熊爬动作、全身力量练习、屈髋功能、四肢协调性、身体稳定性	熊爬-旋转 熊爬-蹲起		
	第八模块	强化动作技能-螃蟹爬变式	在蜘蛛爬动作模式上的演变动作 发展核心力量、四肢力量和身体稳定性	多方向组合性蜘蛛爬动作、全身力量练习、屈髋功能、四肢协调性、身体稳定性	高位螃蟹爬-向前、向后、侧向、旋转		

子任务五　蹲类基本运动技能教学指导

蹲类基本运动技能教学指导
教学动作演示视频

一、蹲类运动技能教学指导

蹲类运动技能是动作模式中最重要的内容之一，也是运动技能中最常用的技能之一。许多项目都需要通过蹲类动作完成，例如球类项目起跳前的预蹲、立定跳远前的预摆、滑冰项目中利用侧向弓步蹲完成变向滑步动作等。蹲类动作要求下肢的髋、膝、踝关节保持稳定，膝关节朝向脚尖方向，避免膝内扣现象。在下蹲时，膝关节保持稳定，臀部重心向后，膝关节不要过度超过脚尖。还原站姿或准备姿势时，要控制下肢的运动速度，减少膝过伸动作的表现，减少运动损伤。躯干的稳定控制也是蹲类动作模式的要求，无论在下蹲阶段还是准备姿势阶段，都需要核心保持稳定，帮助身体动力链传导，减少身体晃动。

在掌握基本蹲的动作模式基础上，本子任务将蹲类运动技能分为六种，包括半蹲、深蹲、弓步蹲、单腿蹲、麻花蹲和变式蹲，通过不同形式和不同身体面向的蹲类动作，发展各种蹲的运动技能，从而为专项运动奠定基础，提高专项运动表现。具体蹲类运动技能动作如下。

（一）半蹲

1. 半蹲

【动作方法】儿童双脚开立略宽于肩，双臂前伸，屈髋屈膝下蹲，使大腿与地面平行，重复此动作。如图 4-3-5-1 所示。

图 4-3-5-1　半蹲

【锻炼目标】发展儿童的下蹲动作模式，屈髋屈膝功能。

【建议负荷】12 次/组，3 组。

【注意事项】膝盖不内扣，双脚不过度外八。

2. 靠墙静蹲

【动作方法】儿童双脚开立与肩同宽，屈膝 90°，背靠墙面，保持静止动作。如图 4-3-5-2 所示。

图 4-3-5-2 靠墙静蹲

【锻炼目标】发展儿童的膝关节力量。

【建议负荷】12 次/组，3 组。

【注意事项】膝盖不内扣，双脚不过度外八。

3. 半蹲起跳

【动作方法】儿童双脚开立略宽于肩，屈髋屈膝下蹲，快速起跳，落地时再次屈髋屈膝缓冲，重复此动作。如图 4-3-5-3 所示。

图 4-3-5-3 半蹲起跳

【锻炼目标】发展儿童的下蹲动作模式、屈髋屈膝功能和下肢力量。

【建议负荷】12 次/组，3 组。

【注意事项】膝盖不内扣，双脚不过度外八。

4. 落地半蹲

【动作方法】儿童单脚支撑或站在台阶上，落地后呈双脚半蹲姿势，膝盖不内扣，双脚不过度外八，腰背挺直，重复此动作。如图 4-3-5-4 所示。

图 4-3-5-4　落地半蹲

【锻炼目标】发展儿童的落地下蹲动作模式，屈髋屈膝功能。

【建议负荷】12 次/组，3 组。

【注意事项】膝盖不内扣，双脚不过度外八，膝盖不过度超过脚尖。

5. 旋转半蹲跳

【动作方法】儿童双脚开立略宽于肩，屈髋屈膝下蹲，快速起跳并旋转，落地时再次屈髋屈膝缓冲，重复此动作。如图 4-3-5-5 所示。

图 4-3-5-5　旋转半蹲

【锻炼目标】发展儿童的下蹲动作模式、屈髋屈膝功能和空间感知能力。

【建议负荷】12 次/组，3 组。

【注意事项】膝盖不内扣，双脚不过度外八，膝盖不过度超过脚尖。

（二）深蹲

1. 深蹲

【动作方法】儿童双脚开立略宽于肩，屈髋屈膝下蹲，使大腿低于水平面，然后起立呈站姿，重复此动作。如图 4-3-5-6 所示。

图 4-3-5-6　深蹲

【锻炼目标】发展儿童的深蹲动作模式，屈髋屈膝功能。

【建议负荷】12 次/组，3 组。

【注意事项】膝盖不内扣，双脚不过度外八，膝盖不过度超过脚尖。

2. 深蹲起跳

【动作方法】儿童双脚开立略宽于肩，屈髋屈膝下蹲，使大腿低于水平面，然后双臂快速摆动起跳，起跳后呈半蹲姿势着地，重复此动作。如图 4-3-5-7 所示。

图 4-3-5-7　深蹲起跳

【锻炼目标】发展儿童的深蹲起跳动作模式，屈髋屈膝和伸髋伸膝功能。

【建议负荷】12 次/组，3 组。

【注意事项】膝盖不内扣，双脚不过度外八，膝盖不过度超过脚尖。

3. 落地深蹲

【动作方法】儿童单脚支撑或站在垫子上，落地后屈髋屈膝呈深蹲姿势，膝盖不内扣，双脚不过度外八，腰背挺直，重复此动作。如图 4-3-5-8 所示。

图 4-3-5-8　落地深蹲

【锻炼目标】发展儿童的落地下蹲动作模式，屈髋屈膝功能。

【建议负荷】12 次/组，3 组。

【注意事项】膝盖不内扣，双脚不过度外八，膝盖不过度超过脚尖。

4. 过顶深蹲

【动作方法】儿童双脚开立略宽于肩，双手持木杆置于头顶，缓慢下蹲，重复此动作。如图 4-3-5-9 所示。

图 4-3-5-9　过顶深蹲

【锻炼目标】发展儿童的落地下蹲动作模式,屈髋屈膝功能。

【建议负荷】12 次/组,3 组。

【注意事项】膝盖不内扣,双脚不过度外八,膝盖不过度超过脚尖。

(三)弓步蹲

1. 前弓步蹲

【动作方法】儿童向前迈出一大步呈半蹲姿势,半蹲时前腿屈膝约 90°,后腿后移屈膝约 90°,后腿膝盖与地面约 10 cm,重复此动作练习。如图 4-3-5-10 所示。

图 4-3-5-10　前弓步蹲

【锻炼目标】发展儿童的矢状面箭步蹲能力。

【建议负荷】左右各 6 次/组,3 组。

【注意事项】膝盖不内扣,双脚不过度外八,膝盖不过度超过脚尖。

2. 后弓步蹲

【动作方法】儿童向后迈出一大步呈半蹲姿势,半蹲时前腿屈膝约 90°,后腿后退屈膝约 90°,后腿膝盖与地面约 10 cm,重复此动作练习。如图 4-3-5-11 所示。

图 4-3-5-11　后弓步蹲

【锻炼目标】发展儿童的矢状面箭步蹲能力。

【建议负荷】左右各 6 次/组,3 组。

【注意事项】膝盖不内扣,双脚不过度外八,膝盖不过度超过脚尖。

3. 左右侧弓步蹲

【动作方法】儿童向一侧迈出一大步呈侧弓箭步下蹲，下蹲时双脚脚尖朝前，膝盖不过度超过脚尖，起立时恢复直立姿势，重复此动作练习。如图 4-3-5-12 所示。

图 4-3-5-12　左右侧弓步蹲

【锻炼目标】发展儿童的冠状面侧弓步蹲能力。

【建议负荷】左右各 6 次/组，3 组。

【注意事项】膝盖不内扣，双脚不过度外八，膝盖不过度超过脚尖。

4. 保加利亚分腿蹲

【动作方法】儿童单腿站立，另一脚置于垫子上，双手叉腰完成蹲起练习，然后起立还原直立姿势，重复此动作练习。如图 4-3-5-13 所示。

图 4-3-5-13　保加利亚分腿蹲

【锻炼目标】发展儿童单腿弓步蹲能力。

【建议负荷】左右各 6 次/组，3 组。

【注意事项】膝盖不内扣，双脚不过度外八，膝盖不过度超过脚尖。

（四）单腿蹲

1. 辅助单腿蹲

【动作方法】儿童双手叉腰站于跳箱前方，一只脚抬起。下蹲时，支撑腿屈髋屈膝缓慢下蹲，同时保持另一只脚悬空，背部挺直，蹲起时，支撑腿伸髋伸膝站起，保持身体稳定，两侧腿交替练习。在练习过程中，可以通过增加负重来改变动作难度。如图 4-3-5-14 所示。

图 4-3-5-14　辅助单腿蹲

2. 单腿蹲起手触地

【动作方法】儿童单脚支撑站立进行蹲起练习，下蹲时用手触地，重复此动作练习。如图 4-3-5-15 所示。

图 4-3-5-15　单腿蹲起手触地

【锻炼目标】发展儿童矢状面单腿蹲能力、发展下肢力量。

【建议负荷】左右各 6 次/组，3 组。

【注意事项】膝盖不内扣，双脚不过度外八，膝盖不过度超过脚尖。

3. 单腿“4”字蹲

【动作方法】儿童单脚支撑，将另一脚踝置于膝盖处下蹲，重复此动作。如图 4-3-5-16 所示。

图 4-3-5-16　单腿“4”字蹲

【锻炼目标】发展儿童落地下蹲动作模式，屈髋屈膝功能。

【建议负荷】12 次/组，3 组。

【注意事项】膝盖不内扣，双脚不过度外八，膝盖不过度超过脚尖。

（五）麻花蹲

1. 原地麻花蹲

【动作方法】儿童自然姿势站立，向右后交叉步下蹲，起立时还原姿势并转向另一侧进行练习，重复动作练习。如图 4-3-5-17 所示。

图 4-3-5-17　原地麻花蹲

【锻炼目标】发展儿童在不稳定姿势下蹲的动作模式，提高屈髋屈膝功能。

【建议负荷】12 次/组，3 组。

【注意事项】保持身体稳定，双臂自然放于体前。

2. 转身麻花蹲

【动作方法】儿童进行麻花蹲起，快速起立后进行半蹲落地，并保持正确的动作模式，重复左右两侧练习。如图 4-3-5-18 所示。

图 4-3-5-18　转身麻花蹲

【锻炼目标】发展儿童不稳定下蹲的能力。

【建议负荷】12 次/组，3 组。

【注意事项】膝盖不内扣，双脚不过度外八，膝盖不过度超过脚尖。

3. 侧弓步接麻花蹲

【动作方法】儿童由侧弓步蹲变成麻花蹲，蹲起时保持正确的动作模式，重复左右两侧练习。如图 4-3-5-19 所示。

图 4-3-5-19　侧弓步接麻花蹲

【锻炼目标】发展儿童不稳定下蹲的能力。

【建议负荷】12 次/组，3 组。

【注意事项】膝盖不内扣，双脚不过度外八，膝盖不过度超过脚尖。

（六）变式蹲

1. 转体半蹲

【动作方法】儿童向左向右交替进行半蹲练习，下蹲后膝盖不伸直，重复此动作。如图4-3-5-20所示。

图 4-3-5-20　转体半蹲

【锻炼目标】发展儿童落地下蹲动作模式，提高屈髋屈膝功能。

【建议负荷】12次/组，3组。

【注意事项】膝盖不内扣，双脚不过度外八，膝盖不过度超过脚尖。

2. 弓步蹲变半蹲跳

【动作方法】儿童向前进行弓箭步练习，然后进行半蹲跳落地，落地时膝盖不内扣，双脚不过度外八，腰背挺直，重复此动作。如图4-3-5-21所示。

图 4-3-5-21　弓步蹲变半蹲跳

【锻炼目标】发展儿童箭步蹲跳能力。

【建议负荷】12次/组，3组。

【注意事项】膝盖不内扣，双脚不过度外八，膝盖不过度超过脚尖。

3. 半蹲跳变弓步蹲

【动作方法】儿童自然站立进行原地半蹲跳接弓箭步蹲练习，要求膝盖不内扣，双脚不过度外八，腰背挺直，重复此动作。如图4-3-5-22所示。

图 4-3-5-22　半蹲跳变弓步蹲

【锻炼目标】发展儿童矢状面和冠状面跳的能力。

【建议负荷】12 次/组,3 组。

【注意事项】膝盖不内扣,双脚不过度外八,膝盖不过度超过脚尖。

4. 不平衡地面蹲

【动作方法】儿童一脚踩在平地,一脚踩在垫子上,在保持身体稳定的同时进行下蹲练习,下蹲时膝盖不内扣,双脚不过度外八,腰背挺直,重复此动作。如图 4-3-5-23 所示。

图 4-3-5-23　不平衡地面蹲

【锻炼目标】发展儿童在不稳定平面上蹲起的能力。

【建议负荷】12 次/组,3 组。

【注意事项】膝盖不内扣,双脚不过度外八,膝盖不过度超过脚尖。

5. 猴式深蹲

【动作方法】儿童双脚开立大于肩宽,俯身双手勾住前脚掌,进行下蹲练习,重复此动作。如图 4-3-5-24 所示。

图 4-3-5-24　猴式深蹲

【锻炼目标】发展儿童屈髋屈膝功能。

【建议负荷】12 次/组,3 组。

【注意事项】膝盖不内扣,双脚不过度外八,膝盖不过度超过脚尖。

6. 垂直蛙跳

【动作方法】儿童双脚开立略宽于肩宽,双臂自然摆放于体前,连续进行蛙跳练习,蹲起时膝盖不伸直,重复此动作。如图 4-3-5-25 所示。

图 4-3-5-25　垂直蛙跳

【锻炼目标】发展儿童蛙跳能力，发展下肢力量。

【建议负荷】12 次/组，3 组。

【注意事项】膝盖不内扣，双脚不过度外八，膝盖不过度超过脚尖。

7. 开合跳蹲

【动作方法】儿童双脚开立略宽于肩宽，双手自然放于胸前，双脚连续进行开合蹲跳练习，重复此动作。如图 4-3-5-26 所示。

图 4-3-5-26 开合跳蹲

【锻炼目标】发展儿童协调性，发展下肢力量。

【建议负荷】12 次/组，3 组。

【注意事项】膝盖不内扣，双脚不过度外八，膝盖不过度超过脚尖。

二、蹲类运动技能教学应用与周期安排

（一）蹲类运动技能教学应用

蹲是日常生活中常见的一个动作，看似简单，其实不然。蹲的动作不仅是一种运动技能，同时也是动作模式的一种。蹲起练习能够发展儿童下肢力量和屈髋屈膝功能，对于髋、膝、踝临近关节的功能串联有很高要求。

在儿童后期进行蹲类运动技能教学时，应遵循一定的发展规律，从最基础的双脚蹲开始练习，逐渐过渡到不稳定的平面蹲、单腿蹲、多方向多维度的蹲类练习，如表 4-3-5-1 所示。儿童在练习时需得到成人的指导，以防止不必要的运动损伤。

表 4-3-5-1 蹲类运动技能教学方案

年龄组：儿童后期		训练阶段：Level-1
教学情景		
以“各种方式的蹲”情景引入。通过各种蹲的练习，发展学生蹲的正确模式		
热身（10 min）		
教学内容		建议负荷
1. 基础慢跑（3 min）：游戏小火车慢跑 2. 热身操（5 min）：头绕环、侧展、膝屈伸、滚雪球拉伸、手腕脚踝、斜抱膝、超人侧躺 3. 神经激活（2 min）：原地蹲起反应训练		300~400 m 每个动作 2 × 8 节拍 4~6 次 / 组
训练（20 min）		
教学内容	教学目的	建议负荷

续表

1. 坐板凳蹲（5 min）：组织学生分好组，进行原地蹲起练习，要求双脚分开略宽于肩，屈髋屈膝下蹲，臀部接触板凳后起立 2. 休息补水（2 min） 3. 麻花蹲（10 min）：教师示范，组织学生完成麻花蹲的练习，双脚交叉下蹲，双臂体前保持平衡 4. 休息补水（3 min）	提高学生参加锻炼的积极性，建立正确的爬的动作模式 补充水分 延展蹲的动作，掌握相关动作要领和发力顺序 补充水分，调整呼吸和拉伸肌群	5~8 次/人 5~8 次/人，根据情况可增加次数
团队教学游戏（10 min）		
游戏内容	游戏目的	建议负荷
蹲类接力站：分 3 个练习站，分别为蹲起站、弓箭步蹲站、麻花蹲站，每个练习站相距 5 m。组织学生按照规定路线完成，最后冲刺 5 m，跑回来击掌接力	在游戏中巩固蹲的动作技能，发展团队合作精神，提高下肢力量	20 m 距离，2~3 组
恢复再生（5 min）		
放松部位	放松方式	建议负荷
主要参与肌群	自主牵拉放松	15 s/每个部位
教学反思与总结		
1. 2. 3.		

（二）蹲类运动技能教学周期安排

蹲类运动技能教学周期安排如表 4-3-5-2 所示。

表 4-3-5-2　蹲类运动技能教学周期安排

动作技能模块	锻炼模块	锻炼主题	锻炼大纲	锻炼内容	锻炼方法手段	建议负荷	备注
蹲类动作	第一模块	半蹲动作技能	掌握正确半蹲动作模式	股四头肌、臀部肌群、踝关节力量、伸髋伸膝功能	半蹲、半蹲起跳、旋转半蹲跳	非组合性动作 12 次/组，3 组 组合性动作 8 次/组，3 组	儿童根据周期计划，从第一模块开始练习，循序渐进，建立正确的动作模式，具备一定力量之后，再进行变式或者蹲类的组合动作练习，防止运动损伤
			提高半蹲落地稳定性			儿童根据自身情况选择，有一定运动基础的可增加次数。	

续表

动作技能模块	锻炼模块	锻炼主题	锻炼大纲	锻炼内容	锻炼方法手段	建议负荷	备注
蹲类动作	第二模块	深蹲动作技能	掌握正确深蹲动作模式 提高蹲起动作连贯性和基础力量		深蹲、深蹲起跳、落地深蹲、旋转深蹲蹲跳		
	第三模块	侧弓步蹲动作技能	掌握正确侧弓步蹲动作模式 提高髋膝踝稳定性和蹬地力量	股四头肌、臀部肌群、阔筋膜张肌、髂胫束、踝关节力量、膝关节力量、伸髋伸膝功能	左右侧弓步蹲、侧弓步蹲单腿起		
	第四模块	前弓步蹲动作技能	掌握前弓步蹲动作模式 提高前腿屈髋屈膝和后腿伸髋屈膝蹬地发力连贯性	踝关节力量、小腿后群力量、股四头肌、臀部肌群、髋膝踝运动链蹬地发力	前弓步蹲、弹力带前弓步蹲		
	第五模块	蹲起跳动作技能	掌握蹲起跳动作模式 提高蹬地跳爆发力 提高起跳落地后的稳定性	踝关节力量、小腿后群力量、股四头肌、臀部肌群、髋膝踝运动链蹬地发力、下肢抗离心力量	单腿左右蹲跳、单腿蹲跳半蹲落、麻花蹲起半蹲落、转体半蹲、弓步蹲变半蹲跳、半蹲跳变弓步蹲		
	第六模块	麻花蹲动作技能	掌握麻花蹲动作模式 提高屈伸力量和稳定性。	股四头肌、臀部肌群踝关节力量、伸髋伸膝功能	麻花蹲、麻花蹲起半蹲落		
	第七模块	蹲类动作技能组合	强化蹲类组合动作模式 提高下肢屈伸力量和稳定性	踝关节力量、小腿后群力量、股四头肌、臀部肌群、髂腰肌、髋膝踝运动链蹬地发力	麻花蹲起、转体半蹲、弓步蹲变半蹲跳、半蹲跳变弓步蹲		

思考与实践

（1）思考基本运动技能包括哪些。

（2）根据基本运动技能发展规律和内容，制定周期锻炼计划。

（3）根据基本运动技能的教学方案，抽取相关内容进行实操模拟教学。

任务四 儿童后期基本运动技能教学原则与周期教学计划设计

儿童后期运动技能的教学遵循一定的原则，包括长周期发展原则、个体差异性原则和教育性教学原则。作为运动技能教学指导者，需要根据相关的发展原则和儿童身心发展规律，制定针对性的锻炼计划和教学指导，使儿童得到有效的锻炼。

学习任务

（1）能够根据运动技能教学原则开展相应的教学指导。

（2）能够根据教学原则制定大周期锻炼计划。

学习目标

知识目标

（1）了解基本运动技能教学原则。

（2）掌握基本运动技能周期计划相关内容。

能力目标

（1）能根据运动技能原则开展运动技能教学。

（2）能根据不同儿童能力水平，制定基本运动技能周期计划。

素养目标

（1）培养学生尊重儿童、平等交流的体育职业素养。

（2）培养学生规范从教的职业操守。

（3）培养学生健康第一、奋斗有我的体育教育理念。

一、基本运动技能教学原则

无论儿童处于哪个阶段，进行运动技能教学都要遵循一定的基本原则，包括发展性教学原则、全面发展教学原则、激励性教学原则、直观性教学原则、多样性教学原则、趣味性教学原则、长周期发展原则、个体差异性原则和教育性教学原则。然而，由于不同年龄阶段儿童身心发展特点存在差异，因此每一年龄段的教学原则也会有所不同。儿童后期运动技能教学应延续儿童前期运动技能教学的基本原则，除此之外，还要遵循长周期发展原则、个体差异性原则和教育性教学原则三点。

（一）长周期发展原则

长期发展模型（LTAD）是由 Istvan Balyi 于 2004 年提出的运动员培养模型，旨在强调运动员发展的平衡性，鼓励运动员在职业生涯中追求长期的、可持续的成功，而不是只为了短期利益而不计代价。LTAD 适用于各种运动项目，包括田径、网球、搏击、划船、自行车以及所有的集体运动项目，具有广泛的应用价值和指导意义。

教学应遵循长周期发展模型，该模型确定了从出生到成年的七个发展阶段，每个阶段都有自己的身体、心理、情感和认知特点。儿童青少年的运动训练应根据上述阶段的生理特点进行针对性的教学。儿童后期处于 LTAD 模型中的第一阶段，也就是基础与趣味性阶段。这一阶段的目标是鼓励儿童通过参与感兴趣的体育运动，学习基本的运动技能，包括深蹲、弓步、推、拉、旋转、步法和屈体。同时，参加多项运动有助于运动员全面提高运动技能。这个阶段也是速率和灵敏性提高的关键时期，因此训练内容应涉及灵敏性、协调性、平衡性以及速率的提高。为保证练习的趣味性，每个动作的重复次数不宜太多。

（二）个体差异性原则

差异性教学是指教师在教学时充分考虑学生之间的个体差异，包括生理、心理、认知等方面，从而制定个性化的教学计划的一种教学模式。

在教学中应用差异性教学方法是非常必要的。儿童后期的学生心理认知发展逐渐丰富，性格特征也逐渐显露出来，呈现出较大的差异性。有的学生认知能力较强，有的较弱，有的学生较为懂事爱学，有的则调皮爱玩不受控。因此，他们在体育课堂上呈现出来的状态会有所不同。如果还一味使用传统的教学模式，采用统一的教学方法和教学手段，教学过程将会单一无趣，对于能力强的学生没有挑战性，对于能力弱的学生则会跟不上。这种教学方式会导致学生失去学习兴趣，从而影响学习效果。

差异性教学的评价是教学的最后一个环节，是对学生学习的一种反馈。因为学生是不同的个体，学习水平不一，存在差异，所以在进行评价时也要具体学生具体评价。教师在评价时可以采用分层评价的方式，对于有进步的学生要及时给予肯定和鼓励，增加学生的自信心。对于能力较强的学生，也应该恰当指出不足之处，提醒他们保持谦虚。通过这样的评价方式，帮助学生进一步提升身体运动能力。

（三）教育性教学原则

儿童时期是智力形成与开发的重要阶段，也是形成各种道德情感与意志品质的关键时期。在教学练习中，要使儿童在学习中获得成功与失败的体验，找到竞争与合作的乐趣，同时也要学会正确面对失败，使儿童在锻炼的过程中身心得到同步发展。

儿童后期的体育锻炼侧重练习，而不是训练。因此，教育的意义要贯穿始终，在体育练习时更加注重体育锻炼对孩子教育的意义。过程教育性原则要体现在练习课的每个环节里，需要指导者提前设计教学方案、临场发挥能力、适当创设挫折，并与孩子们一起努力。

二、基本运动技能教学应用与周期教学计划设计

（一）儿童后期基本运动技能教学应用

儿童后期运动技能的教学主要包括跑、跳、投掷、爬、蹲等内容，可分为以下三个阶段进行运动技能教学。

第一阶段是准备开始阶段，儿童应该先对所要学习的基本运动技能有所了解和认知，包括了解自己的身体素质，学习如何激活神经和如何科学地进行热身。

第二阶段是运动技能教学阶段，也可以理解为动作模式的学习阶段。该阶段包含几大

类基本运动技能,每一大类又可衍生出不同的变式。儿童在学习时需要打好基础,然后逐步进行进阶练习。

第三阶段是初级测试阶段,通过测试评估了解自身学习情况,为接下来的训练安排提供参考依据。

(二)儿童后期基本运动技能周期教学计划设计

儿童后期基本运动技能周期教学计划,如表 4-4-1-1 所示。

表 4-4-1-1 儿童后期基本运动技能周期教学计划

课时	动作技能分类	课程阶段主题(目标)	技能课程大纲	技能课程内容	课程练习方法手段	技能测试安排
第 1 课	准备开始	认知和激活阶段	了解身体、素质测试评估	体能测试	姿态评估和素质评估	全面身体指标测试
第 2 课			如何激活神经	神经激活,调动神经积极性	慢跑、机关枪、单脚落地	各种反应测试
第 3 课			如何进行动作准备	认知自己的身体、动态拉伸	抢标志盘、动态拉伸、折返跑动路线	录像视频分析
第 4 课	运动技能教学阶段	蹲类动作模式	蹲系动作模式初探与正确动作讲解	学生最初动作展示拍照记录、教师讲解动作	站姿+手上举+蹲小板凳	深蹲动作模式测试+拍照记录
第 5 课			深蹲动作模式纠正	深蹲动作延伸练习	半蹲+蹲板凳+走栏架蹲	矢状面箭步蹲测试+拍照记录
第 6 课			侧弓步蹲动作模式纠正	侧弓步教学	原地、行进间、跨越障碍物	冠状面箭步蹲测试+拍照记录
第 7 课			蹲系动作模式巩固与加强	蹲类动作组合练习	半蹲、踏板蹲、栏架蹲、蹲跳	半蹲动作拍照对比图
第 8 课		跳类动作模式	跳系动作模式初探与正确动作讲解	各种跳跃动作初尝试	模仿各种小动物跳跃	原地纵跳、立地跳远动作模式测试
第 9 课			蹲跳动作模式纠正	蹲跳动作练习	不同方向蹲跳、栏架变向跳	不同方向、方式蹲跳录像分析
第 10 课			变式跳动作模式练习	变式跳跃组合练习	开合跳、交叉步跳、踏步跳、灵敏圈跳	灵敏测试
第 11 课			跳系动作巩固	组合闯关站	各种跳类动作和器材组合	组合练习测试、计时、视频分析
第 12 课			跳系动作加强	组合闯关站	各种跳类动作和器材组合	组合练习测试、计时、视频分析

续表

课时	动作技能分类	课程阶段主题（目标）	技能课程大纲	技能课程内容	课程练习方法手段	技能测试安排
第 13 课	运动技能教学阶段	跑类动作模式	跑步动作模式纠正与起跑动作教学	起跑姿势教学	起跑姿势 1、2、3 练习+跑动	跑动动作模式测试+拍照、录像 1、2、3
第 14 课			跑步制动及变向动作教学	启动制动+变向折返跑练习	启动制动、变向折返跑转身效率练习	制动动作模式、转身折返视频分析
第 15 课			跑步动作模式巩固与加强	起跑+启动制动+折返跑	组合闯关游戏	跑步姿势拍照对比
第 16 课			移动系动作模式初探与正确动作讲解	侧向跑动练习	螃蟹走、侧向交叉步、侧向点跨步、栏架侧向移动	侧向移动测试+视频分析
第 17 课		投掷类动作模式	功能动作系之投球动作初探与讲解	分解教学	蹬地、核心收紧、连贯抛球	投球动作模式测试+拍照记录
第 18 课			投球动作模式纠正	掷远游戏	向前方不同位置掷远	投远动作模式测试+拍照记录
第 19 课			投球动作模式加强	掷准游戏	教师手拿灵敏圈，向内掷准	投掷姿势拍照对比
第 20 课		爬类动作模式	爬行动作模式初探与正确动作讲解	猫爬变式练习	婴儿爬、原地猫爬、行进间、猫爬背物、猫爬折返点蘑菇	猫爬拍照+分析
第 21 课			螃蟹爬	螃蟹爬变式练习	行进间螃蟹爬、螃蟹爬背物、	螃蟹爬拍照+分析
第 22 课		行走类动作模式	行走动作模式初探与正确动作讲解	平衡行走、变向行走练习	不稳定界面行走、倒向行走、协同行走	走的动作录像分析
第 23 课		巩固复习	六大动作组合复习（一）	循环练习	走、跑、蹲、跳、爬、投组合	动作模式拍照第三次对比
第 24 课			六大动作系综合挑战（二）	闯关游戏	走、跑、蹲、跳、爬、投组合	动作模式拍照第四次对比
第 25 课			六大动作系综合挑战（三）	闯关游戏	走、跑、蹲、跳、爬、投组合	动作模式拍照第五次对比
第 26 课			六大动作系综合挑战（四）	闯关游戏	走、跑、蹲、跳、爬、投组合	动作模式拍照第六次对比
第 27 课			六大动作系综合挑战（五）	闯关游戏	走、跑、蹲、跳、爬、投组合	动作模式拍照第七次对比
第 28 课			六大动作系综合挑战（六）	闯关游戏	走、跑、蹲、跳、爬、投组合	动作模式拍照第八次对比

续表

课时	动作技能分类	课程阶段主题（目标）	技能课程大纲	技能课程内容	课程练习方法手段	技能测试安排
第 29 课	初级测试	测试评估	身体素质评估	level1 体能测试	姿态评估（正面、侧面、后面、上下交叉综合症、圆肩驼背、膝内扣、脚外八等）各种动作模式评估（走、跑、蹲、跳、爬、投）	全面身体指标测试

思考与实践

（1）思考基本运动技能教学都有哪些原则?

（2）根据儿童后期身心发展规律，制定基本运动技能大周期教学计划。

（3）根据基本运动技能大周期教学计划，选取一节课进行实操教学。

参考文献

[1] 赖小玉,刘金海,刘尚礼. 我国青少年体质持续下降的原因分析及抑制措施[J]. 体育学刊,2007,14(05):125-128.

[2] 陶小娟,汪晓赞,范庆磊,等. 新时代中国幼儿体育发展的现实问题与应对策略[J]. 体育科学,2021,41(09):24-34.

[3] 李林,武丽杰. 人体发育学[M]. 北京:人民卫生出版社,2018.

[4] 韩春远,王卫星. GSCA幼少儿体能训练与评估指南[M]. 北京:维泽科技出版社,2020.

[5] 人民出版社课程教材研究所体育课程教材研究开发中心. 人类动作发展概论[M]. 北京:人民教育出版社,2008.

[6] 杨元. 0~1岁婴儿动作发展研究[D]. 太原:山西大学,2012.

[7] 欧新明. 学前儿童健康教育[M]. 北京:教育科学出版社,2002.

[8] 汪钟立. 人体发育学[M]. 北京:华夏出版社,2011.

[9] 赵焕彬,周喆啸. 幼儿功能性动作教学理论与实践[M]. 北京:人民体育出版社,2018.

[10] 陈帼眉. 幼儿心理学[M]. 北京:北京师范大学出版社,2017.

[11] 许之屏. 运动与儿童心理发展[M]. 长沙:湖南师范大学出版社,2005.

[12] (美)福利奥,(美)菲威尔. Peabody运动发育量表[M]. 李明,黄真,译. 北京:人民体育出版社,2018.

[13] 国家体育总局. 国民体质测定标准手册(幼儿部分)[M]. 北京:人民体育出版社,2003.

[14] 张秀丽,张威,刘改成. 身体运动功能训练[M]. 北京:科学出版社,2018.

[15] 王瑞元,苏全生. 运动生理学[M]. 北京:人民体育出版社,2012.

[16] 张莹. 幼儿期体能练习方法研究[D]. 北京:北京体育大学,2011.

[17] 赵焕彬,周喆啸. 幼儿动能性动作教学理论与实践[M]. 北京:人民体育出版社,2018.

[18] 刘展. 人体动作模式和运动链的理念在运动损伤防护和康复中的应用[J]. 成都体育学院学报,2016,42(06):1-11.

[19] 曲飞飞,方群. “运动员长期发展”模型的介绍与分析[J]. 体育科技文献通报, 2018, 26(04):49-50.

[20] 欧新明. 学前儿童健康教育[M]. 北京:教育科学出版社,2002.

[21] 汪钟立. 人体发育学[M]. 北京:华夏出版社,2011.

[22] 赵焕彬,周喆啸. 幼儿功能性动作教学理论与实践[M]. 北京:人民体育出版社,2018.

[23] 陈帼眉. 幼儿心理学[M]. 北京:北京师范大学出版社,2017.

[24] 许之屏. 运动与儿童心理发展[M]. 长沙:湖南师范大学出版社,2005.

[25] 张秀丽,张威,刘改成. 身体运动功能训练[M]. 北京:科学出版社,2018.

[26] 王瑞元,苏全生. 运动生理学[M]. 北京:人民体育出版社,2012.